Gerhard Ernst

Denken wie ein Philosoph

Eine Anleitung in sieben Tagen

Pantheon

Verlagsgruppe Random House FSC-DEU-100
Das für dieses Buch verwendete FSC®-zertifizierte
Papier *Lux Cream* liefert Stora Enso, Finnland.

Der Pantheon Verlag ist ein Unternehmen der
Verlagsgruppe Random House GmbH

Erste Auflage
Pantheon-Ausgabe August 2012

Copyright © 2012 by Pantheon Verlag, München,
in der Verlagsgruppe Random House GmbH

Umschlaggestaltung: Büro Jorge Schmidt, München
Satz: Ditta Ahmadi, Berlin
Druck und Bindung: CPI – Clausen & Bosse, Leck
Printed in Germany
ISBN 978-3-570-55196-7

www.pantheon-verlag.de

Inhalt

>> Wenn ich jedoch sage, dies sei das größte Glück für einen Menschen, Tag für Tag über den sittlichen Wert Gespräche zu führen und über die anderen Dinge, über die ihr mich reden hört, indem ich mich selbst und andere einer Prüfung unterziehe, und dass ein Leben ohne Prüfung für den Menschen nicht lebenswert sei, dann werdet ihr meinen Reden noch weniger Glauben schenken. Es verhält sich zwar so, wie ich sage, ihr Männer; doch andere davon zu überzeugen ist nicht leicht.«

PLATON, *Apologie* 38a

>> Das Maß, o Sokrates, sprach Glaukon, um solche Reden zu hören, ist ja wohl das ganze Leben für Vernünftige.«

PLATON, *Politeia* 450b

>> Nun heißt das aber wahrhaft seine Augen geschlossen halten, ohne daran zu denken, sie zu öffnen, wenn man ohne zu philosophieren zu leben versucht; und die Freude, die man empfindet, alle Dinge zu sehen, die unser Auge entdeckt, ist nicht zu vergleichen der Befriedigung, welche die Erkenntnis all der Dinge verleiht, die man durch die Philosophie findet.«

RENÉ DESCARTES, *Die Prinzipien der Philosophie*

》 Der also eigentlich Philosoph werden will, muss sich üben, von seiner Vernunft einen freien und keinen bloß nachahmenden und, so zu sagen, mechanischen Gebrauch zu machen.«

IMMANUEL KANT, *Logik*

》 Es kann sich überhaupt keiner einen Philosophen nennen, der nicht philosophieren kann. Philosophieren lässt sich aber nur durch Übung und selbsteigenen Gebrauch der Vernunft lernen.«

IMMANUEL KANT, *Logik*

》 Der philosophieren lernen will, darf dagegen alle Systeme der Philosophie nur als *Geschichte des Gebrauchs der Vernunft* ansehen und als Objekte der Übung seines philosophischen Talents.«

IMMANUEL KANT, *Logik*

》 Es ist völlig richtig und in der besten Ordnung: ›Man kann mit der Philosophie nichts anfangen.‹ Verkehrt ist nur, zu meinen, damit sei das Urteil über die Philosophie beendet. Es kommt nämlich noch ein kleiner Nachtrag in der Gestalt einer Gegenfrage, ob, wenn schon *wir* mit ihr nichts anfangen können, die Philosophie am Ende nicht *mit uns* etwas anfängt, gesetzt, dass wir uns auf sie einlassen.«

MARTIN HEIDEGGER, *Einführung in die Metaphysik*

Wie soll ich leben?

**Der Leser
und was ihn erwartet**

Leser Tolle weiße Wände haben Sie hier!

Philosoph Schön, nicht? Alles aus Elfenbein.

L. Nicht schlecht. Und eine klasse Aussicht hat man. Wird einem fast ein bisschen schwindlig, wenn man die Welt von hier oben betrachtet.

Ph. Das gibt sich mit der Zeit. Sie werden sehen: Nach ein paar Tagen haben Sie sich daran gewöhnt, über die ganze Erde zu schauen.

L. Ist das hier eigentlich die oberste Etage?

Ph. Ganz im Gegenteil: die unterste. Das ist bei Elfenbeintürmen so, dass schon das Erdgeschoss ziemlich hoch oben ist. Aber es gibt noch viel höhere Etagen.

L. Und Sie wohnen ganz oben?

Ph. Nein, gar nicht. Mein Zimmer ist gerade mal ein Stockwerk höher.

L. Wie bin ich eigentlich hierhergekommen?

Ph. Auf dem üblichen Weg: Sie haben ein Buch über Philosophie aufgeschlagen! Und wo Sie nun schon einmal da sind, hoffe ich natürlich, dass Sie meine Einladung annehmen.

L. Wozu wollen Sie mich denn einladen?

Ph. Ich lade Sie dazu ein, eine Woche lang mit mir zu philosophieren.

L. Das trifft sich gut. Es hat mich schon immer interessiert, um was es in der Philosophie eigentlich geht. Aber das können Sie sich vermutlich denken. Ich hätte dieses Buch sonst ja gar nicht erst in die Hand genommen.

Ph. Ja, ich gehe davon aus, dass Sie sich für Philosophie interessieren. Aber können Sie mir nicht ein bisschen mehr über sich verraten?

L. Das geht leider nicht. Aber vielleicht können Sie mir sagen, wen Sie sich als Gesprächspartner vorstellen.

Ph. Oh, da gibt es viele Möglichkeiten.

L. Zum Beispiel?

Ph. Vielleicht sind Sie eine Gymnasiastin, die sich fragt, ob sie Philosophie studieren soll. Oder Sie sind ein pensionierter Englischlehrer, der sich überlegt, ob es ihm nicht Spaß machen würde, sich genauer mit Philosophie zu befassen.

L. Das könnte sein.

Ph. Vielleicht sind Sie auch eine Physikerin, die das Gefühl nicht loswird, dass ihr Fach eine tiefe Verbindung zur Philosophie aufweist, und die gerne einmal etwas genauer wissen würde, was es heißt, wie ein Philosoph zu denken. Oder Sie sind ein Psychologe, dem es so ähnlich ergeht.

L. Gut möglich.

Ph. Sie könnten aber auch eine Menschenrechtsaktivistin sein, der unklar ist, ob die Philosophie Munition für ihren Kampf bereithält. Oder ein Politiker, der sich fragt, ob ihm die Philosophie helfen kann, sich mehr Klarheit über die Grundlagen seiner Politik zu verschaffen. Wie gesagt, ich kann mir viel vorstellen.

L. Und wenn ich einfach ein Mensch auf der Suche nach dem Sinn des Lebens bin, der sich fragt, ob er diesen in den Büchern der Philosophen finden kann?

Ph. Dann soll es mir auch recht sein. Ich werde jedenfalls davon ausgehen, dass Sie bisher von Philosophie wenig oder nichts wissen, aber ernsthaft etwas darüber erfahren wollen: über die Philosophie selbst.

L. Was meinen Sie mit »die Philosophie selbst«?

Ph. Ich meine damit, dass ich gerne wirklich mit Ihnen philosophieren möchte. Ich will Ihnen einen echten Einblick in einige philosophische Überlegungen geben, nicht einfach nur ein paar Anekdoten über bekannte Philosophen erzählen oder bloß berichten, dass der eine Philosoph dies, der andere das gesagt hat. Ich möchte Ihnen vielmehr helfen, besser zu verstehen, was es heißt, wie ein Philosoph zu denken, indem ich Sie eine Woche lang dazu anleite, selbst über philosophische Fragen nachzudenken.

L. Hört sich gut an. Aber geht das überhaupt?

Ph. Das glaube ich schon. Eine Woche Philosophie kann natürlich kein Philosophiestudium ersetzen, aber man kann sich doch einen ersten Eindruck darüber verschaffen, mit welchen Themen sich die Philosophie beschäftigt und wie sie es tut, so dass man sieht, ob man sich genauer damit befassen möchte.

L. Und wie fangen wir an?

Ph. Am besten mit den philosophischen Fragen, die Ihnen am wichtigsten sind, und dann schauen wir, wohin unsere Unterhaltung uns führt.

L. Kommen wir dann nicht recht durcheinander?

Ph. Keine Sorge, ich werde darauf achten, dass unser Gespräch auf Kurs bleibt und wir im Lauf der Woche zumindest die wichtigsten Fragen der Philosophie einmal ansprechen. Aber vielleicht ist es auch nützlich, wenn wir uns zwischendurch immer mal ein paar Notizen machen, um die Übersicht zu bewahren.

L. Das ist eine gute Idee. Ich will ja nach unserem Gespräch auch etwas mit nach Hause nehmen. Machen wir doch gleich mal eine kleine Notiz.

Erste Gesprächsnotiz

Dies ist ein Buch für alle, die wissen wollen, was es heißt, wie ein Philosoph zu denken, und die es selbst gerne einmal versuchen möchten. Es setzt keine Vorkenntnisse voraus, sondern lediglich die Bereitschaft, sich auf ein philosophisches Gespräch einzulassen und philosophischen Argumenten zu folgen. Demjenigen, der das undeutliche Gefühl hat, Philosophie könnte für ihn von Interesse sein, soll bei der Beantwortung der Frage geholfen werden, ob es sich für ihn lohnt, sich genauer mit Philosophie zu beschäftigen. Dazu wird ein erster Einblick in die wichtigsten Themen und die Vorgehensweise der Philosophie gegeben.

Die Frage
nach dem Sinn des Lebens

Ph. Mit welcher philosophischen Frage möchten Sie denn gerne beginnen?
L. Darf ich gleich in die Vollen gehen?
Ph. Warum nicht?
L. Also gut: Was ist der Sinn des Lebens? Das ist doch eine philosophische Frage, oder?
Ph. Auf jeden Fall! Man kann die Frage allerdings in zweierlei Weise verstehen: Einerseits ist die Frage nach dem Sinn des Lebens doch nichts anderes als die Frage danach, was man mit seinem Leben anfangen sollte, anders gesagt: worin ein gutes Leben besteht. Andererseits zielt die Frage aber

auch darauf, ob das Leben *überhaupt* einen Sinn hat – obwohl es doch endlich ist.

L. Ich habe hauptsächlich an Letzteres gedacht. In ein paar Jahren bin ich nicht mehr da, und bald schon wird auch keiner mehr an mich denken, und überhaupt stürzt irgendwann die Erde in die Sonne und alles Leben ist beendet. Da fragt man sich doch schon: Wozu das alles?

Ph. Das fragt man sich tatsächlich. Und vermutlich gehört es zum Menschsein selbst dazu, sich diese Frage zu stellen. Wir wissen, dass wir sterblich sind, und deshalb betrachten wir unser Leben als Ganzes und fragen nach seinem Sinn.

L. Und die Antwort?

Ph. Wie Sie sich denken können, ist es ziemlich schwer, eine gute Antwort auf diese Frage zu finden. Vielleicht könnte man aber drei Antwortstrategien unterscheiden. Die grundlegende Überlegung sieht doch so aus:

(1) Das Leben ist endlich.

(2) Wenn das Leben endlich ist, dann hat es keinen Sinn.

(3) Also hat es keinen Sinn.

Da der Schluss gültig ist, muss man entweder mindestens eine der Prämissen, (1) oder (2), bestreiten oder aber die Konklusion (3) akzeptieren.

L. Wie könnte man bestreiten, dass das Leben endlich ist?

Ph. Dass der Körper stirbt, kann man schwer bestreiten, aber manche Philosophen haben versucht, für die Unsterblichkeit der Seele zu argumentieren.

L. Soll das dann heißen, wir bekommen nach unserem Tod den Lohn für unsere Taten, und darin liegt der Sinn des Lebens?

Ph. So oder so ähnlich. Wobei Sie sich vorstellen können, dass man gerade für die Vorstellung der späten Abrechnung schwer irgendwelche Argumente finden kann. Das ist mehr eine Hoffnung, die viele haben: dass die Guten ihren Lohn und die Bösen ihre Strafe bekommen – wenn schon nicht in dieser Welt, dann jedenfalls in der nächsten.

L. Das wäre tatsächlich tröstlich – außer natürlich, man gehört zufällig zu den Bösen.

Ph. Aber gerade, weil es tröstlich wäre, liegt die Vermutung nahe, dass dieser Gedanke eher unseren Wünschen entspringt als auf irgendwelchen guten Gründen beruht. Einige Philosophen denken darum, wir sollten uns damit abfinden, dass es keine Antwort auf die Frage nach dem Sinn des Lebens gibt. Das Leben ist absurd und der Tod ist sein Ende.

L. Also, wie es auf Kaffeetassen und T-Shirts steht: »Life is hard. Then you die.« Keine schöne Aussicht.

Ph. Obwohl es natürlich etwas Heroisches hat, sein Leben im Angesicht der Absurdität zu führen. Existentialisten konnten dem durchaus etwas abgewinnen.

L. Also, ich weiß nicht.

Ph. Wenn man weder die Endlichkeit des Lebens, also die erste Prämisse unseres Arguments, leugnen noch die Konklusion, also die Sinnlosigkeit des Lebens, akzeptieren möchte, dann bleibt nur noch, die zweite Prämisse zurückzuweisen, und das erscheint mir auch als die beste Alternative: Man sollte nicht annehmen, dass die Endlichkeit des Lebens ausschließt, dass es einen Sinn hat.

L. Aber welchen Sinn könnte unser Leben haben, wenn es letztlich einfach aufhört?

Ph. Den Sinn, der in ihm selbst liegt. Nehmen Sie ein triviales Beispiel: Worin liegt der Sinn eines kühlen Getränks an einem heißen Sommertag?

L. Darin, dass es den Durst löscht.

Ph. Und an einem heißen Sommertag seinen Durst zu löschen, ist doch etwas Gutes, auch wenn das kein ewiger Genuss ist. Es ist besser, man hat ihn, als man hat ihn nicht.

L. Und Sie denken, der Sinn des Lebens liegt genauso darin, dass wir das Leben, solange es währt, genießen, so gut es geht?

Ph. Wie gesagt, worin ein gutes Leben besteht, ist eine eigene Frage, die wir gleich ausführlicher diskutieren sollten. Ich wollte zunächst nur deutlich machen, dass die Endlichkeit nicht per se den Wert oder Sinn einer Sache zerstört. Man kann sogar vielleicht noch weitergehen und sagen, dass überhaupt *nur* ein endliches Leben einen Sinn haben kann.

L. Wieso denn das?

Ph. Wäre unser Leben denn wirklich besser, wenn wir nicht sterben würden? Ich habe eher den Eindruck, dass gerade dadurch alles an Bedeutung verlieren würde. Man könnte dann alle Entscheidungen immer wieder revidieren, alle Ziele, die man erreicht, wären nur Zwischenziele, und ein endgültiges Ziel gäbe es nicht. Das wäre doch wie eine Geschichte ohne Schluss. Man könnte dem eigenen Leben überhaupt keine Form geben.

L. Und es würde vielleicht ein bisschen langweilig werden. Andererseits: Wenn es kein Leben nach dem Tod gibt, dann ist das doch so, als würde die Geschichte des eigenen Lebens letztlich gar nicht bewertet. Egal, ob ich gut oder schlecht gelebt habe: Am Ende wäre ich einfach tot. Alles Leiden wäre dann umsonst gewesen und alles Gute nur vorübergehend.

Ph. Ich teile Ihr Unbehagen, und ich glaube nicht, dass man es vollständig loswird. Aber immerhin kann man doch sagen: Auch ein vorübergehendes Gut ist immer noch ein Gut. Der Sinn des Lebens kann also trotz seiner Endlichkeit darin liegen, dass man ein möglichst gutes Leben führt.

L. Wir sollten uns daher hauptsächlich Gedanken darüber machen, was ein gutes Leben eigentlich ausmacht?

Ph. Genau. Und das ist nun wirklich eine ganz zentrale philosophische Frage, während die Frage nach dem Sinn des Lebens in Anbetracht seiner Endlichkeit gar keine so große Rolle in der Philosophie spielt – vielleicht weil es zu wenig gibt, was man dazu mit guten Gründen sagen kann.

Zweite Gesprächsnotiz

Die Frage nach dem Sinn des Lebens hat zwei Dimensionen: Zum einen ist es die Frage danach, was wir mit unserem Leben anfangen sollen, also die Frage nach dem guten Leben. Das ist eine zentrale philosophische Frage. Zum anderen zielt die Frage nach dem Sinn des Lebens darauf, ob überhaupt in Anbetracht seiner Endlichkeit ein sinnvolles Leben möglich ist. Wenn das Leben endlich ist und Endlichkeit Sinnlosigkeit impliziert, dann ist das Leben sinnlos. Man kann versuchen, die Endlichkeit des Lebens zu leugnen (und für die Unsterblichkeit der Seele zu argumentieren); man kann die Absurdität des Lebens akzeptieren (und sich bemühen, das Beste daraus zu machen); man kann aber auch die Vorstellung zurückweisen, dass die Endlichkeit des Lebens seine Sinnlosigkeit zur Folge hat. Warum sollte nur etwas Ewiges einen Wert haben? Setzt der Sinn des Lebens vielleicht sogar seine Endlichkeit voraus?

Philosophen als Experten für das gute Leben

L. Die Frage, worin ein gutes Leben besteht, sagen Sie, ist also eine zentrale philosophische Frage.

Ph. Ja, oder man kann auch einfach sagen, die Frage: »Wie soll ich leben?«

L. Aber möchten die Philosophen denn tatsächlich den anderen Leuten vorschreiben, wie sie ihr Leben zu führen haben?

Ph. Natürlich geht es nicht darum, dass da der eine, der Philosoph, dem anderen, dem Nichtphilosophen, vorschreibt, was er zu tun und zu lassen hat. Wie käme er dazu?

L. Worum geht es den Philosophen dann?

Ph. Sie wollen dabei helfen, dass *jeder selbst* erkennt, wie er leben sollte. Denken Sie zum Beispiel an den Ethikunterricht in den Schulen. Da geht es doch vor allem darum, die Schüler anzuleiten, über das richtige Handeln richtig nachzudenken.

L. Ich dachte, da sollen Werte vermittelt werden.

Ph. Aber wie wollen Sie das machen, wenn Sie die Schüler nicht zum Nachdenken bringen? Das wäre doch bloße Dressur und Bevormundung. Und gefährlich wäre es obendrein, wenn man jemanden dazu bringt, zu tun, was andere sagen, ohne dass er selber darüber nachdenkt.

L. Damit man jemanden anleiten kann, muss man aber selbst mehr wissen. Sind Philosophen denn besonders gute Menschen?

Ph. Nein, das glaube ich eher nicht. Aber wir sollten vielleicht kurz klären, was ein guter Mensch überhaupt ist.

L. Jemand, der wenig falsch macht, würde ich sagen.

Ph. Es gibt aber zwei ziemlich verschiedene Weisen, wie man etwas falsch machen kann. Einmal gibt es doch den Fall, dass man zwar weiß, was zu tun richtig wäre, es aber nicht tut.

L. Sie meinen, wenn jemand zum Beispiel weiß, dass er morgens früh aufstehen sollte, weil er viel zu tun hat, es aber trotzdem nicht tut, weil es im Bett gerade so gemütlich ist?

Ph. Genau. Das ist ein Fall von Willensschwäche: Man tut nicht, was zu tun man selbst für das Beste hält. Kommt immer wieder vor – bei Philosophen sicher genauso oft wie bei anderen Menschen. Insofern sind Philosophen schon mal keine besonders guten Menschen. – Aber auch, wenn man tut, was man für richtig hält, kann man etwas falsch machen: wenn man nämlich etwas für richtig hält, was tatsächlich falsch ist.

L. An was denken Sie da?

Ph. Wenn ein Ladendieb zum Beispiel meint, es sei ganz richtig, dass er etwas mitgehen lässt, weil er so arm und der Kaufhauskonzern so reich ist. Dann täuscht er sich. Er tut etwas Falsches, das er aber selbst für richtig hält.

L. Und Sie würden auch nicht sagen, dass die Philosophen besser wissen, welche Handlungen richtig und falsch sind?

Ph. Na ja, vielleicht sind die Philosophen tatsächlich in einer ganz günstigen Ausgangslage. Aber Sie müssen bedenken, dass es auf die konkrete Handlung ankommt. Nehmen Sie eine Situation, in der Sie unsicher sind, was Sie tun sollten. Sie fragen sich zum Beispiel, ob Sie einem Freund beim Umzug helfen oder Ihre kranke Großmutter besuchen sollten. Was würden Sie sagen, worauf kommt es bei Ihrer Entscheidung an?

L. Vielleicht darauf, wie dringend der Freund auf mich angewiesen ist, wie gut wir befreundet sind, wie krank die Großmutter ist – so etwas.

Ph. Eben. Und das sind alles Fragen, auf die Ihnen die Philosophie natürlich keine Antwort gibt. In keinem Philosophiebuch der Welt werden Sie irgendetwas zu der Frage finden, wie krank Ihre Großmutter ist.

L. Ah, ich verstehe. Zu der konkreten Handlung sagt die Philosophie also gar nichts. Aber inwiefern sagt sie mir dann überhaupt, wie ich leben soll?

Ph. Die Philosophie kann auf Aspekte hinweisen, die für die richtige Entscheidung wichtig sind, die man aber leicht übersieht. Sie kann auf Zusammenhänge zwischen verschiedenen Situationen aufmerksam machen, die man sich oft nicht klarmacht. Philosophen versuchen, Übersicht über unsere praktischen Überlegungen zu schaffen und deren grundlegende Strukturen offenzulegen. Das wird Ihnen sicher alles klarer werden, sobald wir einmal solche Überlegungen angestellt haben.

L. Aber braucht man all das überhaupt, um die richtigen Entscheidungen zu fällen?

Ph. Ich gebe Ihnen mal einen Vergleich, der sich so ähnlich schon bei Platon findet. Betrachten wir die folgenden drei Personen: Jemanden, der rechtschreiben kann, einen Schriftsteller und eine Grammatiklehrerin. Wie verhalten sich deren Fähigkeiten zueinander?

L. Der Schriftsteller und die Grammatiklehrerin müssen auch rechtschreiben können. Aber der Schriftsteller muss kein Grammatiklehrer sein und die Grammatiklehrerin keine Schriftstellerin. Und jemand, der rechtschreiben kann, muss weder Grammatiklehrer noch Schriftsteller sein.

Ph. Trotzdem gibt man demjenigen, der lernen soll, richtig zu schreiben, auch Grammatikunterricht. Warum wohl?

L. Weil ihm das hilft, richtig zu schreiben, würde ich sagen.

Ph. Also muss der normale Rechtschreiber auch etwas vom Grammatiklehrer haben und der Schriftsteller vielleicht noch mehr. Vielleicht machen beide zwar unbewusst das meiste richtig. Aber leichter werden sie sich tun und sicherer werden sie sein, wenn sie sich auch mit Grammatik beschäftigt haben.

L. Und was hat das alles mit Philosophie zu tun?

Ph. Jeder Mensch soll lernen, richtig zu handeln, so wie alle Rechtschreiben lernen sollen. In beiden Fällen braucht es zunächst einmal hauptsächlich Übung. Aber letztlich tut man sich leichter, wenn man sich auch die jeweiligen Grundsätze vor Augen geführt hat. Man wird sicherer und besser schreiben, wenn man die Grammatik beherrscht. Und man wird sicherer und häufiger richtig handeln, wenn man sich auch über die Grundsätze des richtigen Handelns Gedanken gemacht hat. Genau dabei hilft die Philosophie.

L. Der Philosoph entspricht also der Grammatiklehrerin und der praktisch Handelnde dem normalen Rechtschreiber. Aber wofür steht dann der Schriftsteller?

Ph. Der steht in unserem Vergleich für jemanden, der besonders gut darin ist, praktische Entscheidungen zu treffen, jemanden, der ein besonders gutes praktisches Urteilsvermögen in einzelnen Situationen hat. Kann sein, dass so jemand auch sehr gut über die Grundsätze des richtigen Handelns Bescheid weiß und sich darüber viele Gedanken gemacht hat. Es muss aber nicht unbedingt so sein.

L. Und der Philosoph ist nicht in jedem Fall eine solche Person?

Ph. Nein. Wir Philosophen verbringen ja sehr viel Zeit mit dem Nachdenken hier in unserem Turm und entsprechend weniger Zeit mit dem Handeln draußen. Wenn Sie wissen wollen, ob Sie einen Bausparvertrag abschließen sollen, fragen Sie also besser keinen Philosophen.

L. Aber was ist mit den ganzen Ethikkommissionen? Da sitzen doch auch Philosophen. Und wenn die im konkreten Einzelfall gar keine besseren Urteile fällen als normale Menschen, sind die Kommissionen dann nicht unnütz?

Ph. Nein, das glaube ich nicht. Zum einen geht es manchmal einfach darum, dass überhaupt ein Außenstehender um Rat gefragt wird. Und das kann wichtig sein, auch wenn eigentlich völlig klar ist, was man machen sollte. Zum anderen geht es in den entsprechenden Bereichen – in der Medizinethik zum Beispiel – um Fragen, bei denen nicht nur die konkreten Umstände eine Entscheidung schwierig machen, sondern bei denen auch nicht so klar ist, was die relevanten Grundsätze sind oder sein sollten.

L. Und das ist dann also eine Frage, mit der sich Philosophen befassen.

Dritte Gesprächsnotiz

Philosophen beschäftigen sich mit der Frage, wie wir leben sollen. Ihre Überlegungen sind jedoch nicht als Anweisungen zu verstehen, sondern als Hilfe beim eigenen Nachdenken. Die Philosophie kann auf Aspekte hinweisen, die man leicht übersieht, auf Zusammenhänge, die man sich oft nicht klarmacht, auf Beobachtungen, die man vielleicht nicht ernst genug nimmt. Sie schafft Ordnung in unseren praktischen Überlegungen und hilft so beim richtigen Handeln. Diese Aufgabe erfüllen Philosophen durch ihre Schriften, aber auch als Ethiklehrer in der Schule und Universität ebenso wie als Mitglieder von Ethikkommissionen in Wissenschaft und Politik. Philosophen sind grundsätzlich ebenso anfällig für Willensschwäche wie andere Menschen, und sie sind, wie jeder andere, mit dem Problem konfrontiert, in konkreten Situationen den richtigen Weg zu finden. Ein vorbildliches Leben führen nicht immer diejenigen, die auch die beste Einsicht in die Natur des guten Lebens haben. Solche Einsicht ist aber hilfreich, ein Mindestmaß davon sogar notwendig für ein gutes Leben.

Ein Leben
der Wunscherfüllung

L. Dann helfen Sie mir einmal, darüber nachzudenken, worin ein gutes Leben besteht!

Ph. Am liebsten würde ich wieder davon ausgehen, was Sie meinen.

L. Okay, ich mache einen Vorschlag: Ein gutes Leben hat man dann, wenn man alles bekommt, was man haben will.

Ph. Da kann man, fürchte ich, leicht Gegenbeispiele finden. Stellen Sie sich etwa vor, Sophie möchte Pilotin werden, weil sie glaubt, dass das ein abwechslungsreicher Beruf ist, bei dem man fremde Länder kennenlernt, viel Geld verdient und viel Freizeit hat. Nehmen wir aber einmal an, dass der Beruf tatsächlich ziemlich eintönig ist, dass man von den fremden Ländern nur die Flughafenhotels kennenlernt, dass man gar nicht so viel verdient und dass auch die Freizeit viel beschränkter ist als gedacht. Hätte Sophie ein gutes Leben, wenn ihr Wunsch, Pilotin zu werden, in Erfüllung gehen würde?

L. Nein. Aber ich meinte natürlich, dass es gut ist, wenn man bekommt, was man haben will, *sofern man über die Umstände richtig informiert ist.* Sophie würde ja gar nicht Pilotin werden wollen, wenn sie wüsste, worauf sie sich dabei einlässt.

Ph. Einverstanden. Aber auch hier gibt es Probleme. Was würden Sie zu dem Beispiel sagen: Nehmen wir an, Herbert ist drogensüchtig und möchte unbedingt die nächste Dosis bekommen. Er ist über die Wirkung der Droge bestens informiert. Trägt es zu seinem guten Leben bei, wenn er sie bekommt?

L. Nein, natürlich nicht. Aber das ist auch kein so klarer Fall, denke ich. Herbert will zwar die Droge, aber vor allem will er doch sicher nicht drogensüchtig sein. Und wenn er das erreicht, macht das sein Leben wirklich besser.

Ph. Aber wie entscheiden Sie, die Erfüllung welcher Wünsche ein Leben besser macht und die Erfüllung welcher Wünsche nicht? Herbert hat ja sowohl den Wunsch, den nächsten Schuss zu setzen, als auch den Wunsch, nicht mehr drogenabhängig zu sein.

L. Hm, das ist tatsächlich nicht so einfach … Sollte man vielleicht sagen, dass es gut ist, wenn unsere stärksten Wünsche erfüllt werden?

Ph. Man kann sich aber doch leicht vorstellen, dass Herberts Wunsch nach der Droge stärker ist als der Wunsch, nicht mehr drogenabhängig zu sein. Immerhin ist es denkbar, dass das Verlangen nach dem nächsten Schuss ihn handeln lässt, der Wunsch, nicht mehr drogenabhängig zu sein, dagegen nicht. Und das würde dann gerade zeigen, dass der Drogenwunsch stärker war.

L. Ja, aber eigentlich will er doch wahrscheinlich nicht mehr drogenabhängig sein. Dann sollte man vielleicht lieber sagen, dass unser Leben umso besser wird, je mehr unserer *eigentlichen* Wünsche in Erfüllung gehen.

Ph. Was meinen Sie hier mit »eigentlich«?

L. Was jemand eben wirklich will. Das kann ich nicht besser ausdrucken.

Ph. Ist auch nicht einfach. Aber ich weiß ungefähr, was Sie meinen. – Ich hätte übrigens einen guten praktischen Tipp, wie Sie die Zahl Ihrer unerfüllten Wünsche minimieren können.

L. Da bin ich gespannt.

Ph. Wenn man möglichst wenig unerfüllte Wünsche haben möchte, gibt es immer zwei Möglichkeiten. Entweder man versucht, das zu bekommen, was man haben will. Aber dabei muss die Welt irgendwie mitspielen. Wenn ich viel Geld haben, aber wenig arbeiten möchte, werde ich zum Beispiel auf ziemlich viel Widerstand stoßen.

L. Und die zweite Möglichkeit?

Ph. Ich kann meine Wünsche aufgeben. Je weniger ich will, desto größer die Chancen, dass ich bekomme, was ich will. Und wenn mein Glück darin besteht, dass ich möglichst viel von dem bekomme, was ich will, steigen die Chancen für das eigene Glück immens, wenn ich meine Ansprüche senke. Das ist eine alte Weisheit: Befreie dich von deinen Leidenschaften und du wirst völlige Gemütsruhe haben. Die Welt kann dir nichts mehr anhaben!

L. Das ist nicht so ganz, was ich hören wollte.

Ph. Kann ich mir denken. Aber ich glaube sowieso nicht, dass das gute Leben darin besteht, dass man bekommt, was man will, auch nicht darin, dass man bekommt, was man *eigentlich* will. Man kann ja die irrsinnigsten Wünsche haben! Nehmen Sie an, Heike hat den echten, innersten und eigentlichen Wunsch, nichts zu tun, als den ganzen Tag lang Grashalme zu zählen. Hat sie ein gutes Leben, wenn ihr Wunsch erfüllt wird?

L. Wenn es ihr Spaß macht!

Ph. Das meinen Sie jetzt nicht ernst. Aber vor allem: Von Spaß war gar nicht die Rede, sondern nur davon, dass Heike bekommt, was sie eigentlich will. Und ich sehe beim besten Willen nicht, was daran gut für sie sein sollte, einen solchen idiotischen Wunsch erfüllt zu bekommen. Oder nehmen Sie unmoralische Wünsche. Wird Martins Leben gut, wenn sein Wunsch, tagaus tagein Katzen zu quälen, in Erfüllung geht?

L. Nein, stimmt schon: Ob es etwas Gutes ist, wenn sich die eigenen Wünsche erfüllen, wird schon auch davon abhängen, um welche Wünsche es geht.

Ph. Genau! Es hängt davon ab, ob man etwas Gutes will oder nicht! Und dann spielt doch die Wunscherfüllung selbst gar keine Rolle mehr.

L. Wieso?

Ph. Weil es unser Leben doch wohl besser macht, wenn wir etwas Gutes bekommen, unabhängig davon, ob wir es gerade wollen oder nicht. Umgekehrt macht Schlechtes unser Leben nicht besser, egal ob wir es haben wollen oder nicht. Es kommt also gar nicht darauf an, ob wir bekommen, was wir wollen, sondern darauf, ob wir etwas Gutes bekommen oder nicht.

L. Leuchtet irgendwie ein. Aber dann stellt sich natürlich die Frage: Was ist denn nun gut für unser Leben?

Ph. Richtig, die Frage stellt sich. Wir brauchen einen neuen Vorschlag!

Vierte Gesprächsnotiz

*Besteht ein gutes Leben darin, dass man bekommt, was man will? Dieser Vorschlag stößt auf Probleme: Zum einen scheinen nur die **eigentlichen** Wünsche einer **gut informierten** Person relevant zu sein. Zum anderen kann selbst die Erfüllung solcher Wünsche einem Menschen schaden und sein Leben misslingen lassen. Umgekehrt kann auch Gutes, das wir uns nicht wünschen, unser Leben besser machen. Ob die Erfüllung der eigenen Wünsche unser Leben gut macht, scheint also davon abzuhängen, ob wir das Richtige wollen oder nicht. Dass wir umso mehr Wünsche erfüllen können, je weniger davon wir haben, ist somit kein großer Trost.*

Ein Leben der Lust

L. Wie sollen wir die Frage, worin ein gutes Leben besteht, denn nun angehen?

Ph. Wir können einfach einmal betrachten, *was* die Leute tatsächlich haben wollen. Wenn sie es haben wollen, heißt das, dass sie es für gut halten. Wir müssen dann nur noch überprüfen, ob sie recht haben, und schon haben wir gefunden, was tatsächlich gut ist.

L. Hört sich sehr einfach an. Aber tatsächlich wollen die Leute doch ständig etwas anderes. Mal dies, mal das. Wie soll man sich da zurechtfinden?

Ph. Wir sind ja nur auf der Suche nach »intrinsischen Gütern«, also Gütern, die in sich selbst wertvoll sind, weil wir doch wissen wollen, was ein Leben *letztlich* gut macht. Die meisten Dinge, die man will, will man dagegen nicht um ihrer selbst willen, sondern nur als Mittel zu einem guten Zweck. Man spricht dann von »instrumentellen Gütern«. Geld zum Beispiel ist so ein instrumentelles Gut.

L. Sie meinen, weil man mit Geld selbst nichts anfangen kann, man aber dafür bekommt, was man wirklich haben will – obwohl ich manchmal das Gefühl habe, dass die Leute das in Bezug auf das Geld vergessen …

Ph. Das Gefühl habe ich auch gelegentlich. Ich habe einmal jemanden gefragt, warum er so scharf darauf ist, viel Geld zu verdienen. Die Antwort war erstaunlich: Er hat geantwortet, er wolle viel Geld verdienen, um davon Mietshäuser zu kaufen. Und als ich ihn gefragt habe, warum er die gerne haben will, hat er gesagt: »Wegen der Mieteinnahmen natürlich.«

L. Das ist dann offensichtlich sinnlos, es sei denn, der Reichtum an sich macht ihm Spaß!

Ph. So wie Dagobert Duck, dem es eine Lust ist, im Geld zu schwimmen und es zu zählen, meinen Sie. Vielleicht.

L. Wenn ich es mir recht überlege, ist das doch auch gar keine schlechte Antwort auf die Frage, was die Leute in *all* ihren Bemühungen letztlich wollen: Lust!

Ph. Manche Philosophen haben tatsächlich geglaubt, dass ein gutes Leben nichts anderes als ein lustvolles Leben ist.

L. Ja, das habe ich schon einmal gehört. »Hedonisten« heißen die, oder?

Ph. Genau. »Hedonisten« – »hêdonê« heißt auf Griechisch »Lust« – nennt man diejenigen, die meinen, dass Lust das einzige intrinsische Gut ist.

L. Und? Sind Sie ein Hedonist? Würde mich, offen gesagt, wundern, wenn ich mir Ihr Leben hier im Elfenbeinturm so betrachte.

Ph. Wieso? Was stellen Sie sich unter einem lustvollen Leben vor?

L. Na ja. Zuerst denkt man doch wohl an ein bisschen mehr Saus und Braus: üppige Gelage, Sexorgien und so.

Ph. Ich bin mir nicht sicher, ob die Lustbilanz solcher Aktivitäten besonders günstig ist. Das Saufgelage führt zu Kopfschmerzen und Magenproblemen, und dass aus Sexorgien viel Gutes erwächst, kann man ebenfalls bezweifeln. Große Lust hat oft große Unlust zur Folge. Der Hedonist Epikur zum Beispiel empfiehlt daher ein asketisches Leben!

L. Das ist ja öde.

Ph. Jedenfalls unerwartet. Und noch etwas ist seltsam: Kennen Sie Henry Sidgwicks Paradox des Hedonismus?

L. Nein, was ist das?

Ph. Die Einsicht, dass man, wenn man möglichst viel Lust im Leben haben will, diese nicht direkt anstreben soll. Nehmen Sie beispielsweise die Lust am Spielen. Wenn wir die ganze

Zeit nur darauf konzentriert sind, möglichst viel Lust am Spiel zu haben, wird gerade das dazu führen, dass wir nicht recht ins Spiel hineinkommen und deshalb die Lust ausbleibt oder geringer ausfällt, als wenn wir uns auf das Spiel konzentriert hätten.

L. Klingt plausibel. Wobei ich mich ein bisschen frage, wie man Lust überhaupt messen kann.

Ph. Jeremy Bentham, ein englischer Philosoph des 18. und 19. Jahrhunderts, hat sich vorgestellt, dass man die Menge an Lust im Wesentlichen nach Dauer und Intensität bestimmen kann. Er vertrat, was man einen »quantitativen Hedonismus« nennt. Aber es fällt ziemlich schwer, diesen anzuwenden. Wie verhält sich zum Beispiel die Intensität der Lust, die man empfindet, wenn man ein heißes Bad im Winter nimmt, zu der, die man hat, wenn man ein schönes Gedicht liest?

L. Das ist tatsächlich schwer vergleichbar. Vielleicht sollte man noch zwischen verschiedenen Arten von Lust unterscheiden?

Ph. Genau das sagt John Stuart Mill, der übrigens der Sohn eines Freundes von Bentham war und der gerade einen »qualitativen Hedonismus« vertreten hat. Seiner Ansicht nach muss man nicht nur die Intensität und Dauer, sondern auch die Qualität einer Lustempfindung berücksichtigen.

L. Aber wie findet man heraus, welche Lüste eine höhere Qualität haben und welche eine niedrigere?

Ph. Mill schlägt vor, dass man, wenn man zwei Lüste im Hinblick auf ihre Qualität miteinander vergleichen möchte, jemanden fragen muss, der beide Lüste kennt, unvoreingenommen, nicht verroht und auch sonst möglichst objektiv ist. Und so jemand wird dann sagen, dass Gedichtelesen eine höhere Lust bereitet als heiß baden.

L. Hört sich ein wenig willkürlich an, finde ich. Ich kenne jedenfalls viele Leute, die mit Gedichten nichts anfangen können und vermutlich lieber baden.

Ph. Die haben dann eben keinen Zugang zur Lust der Lyrik und taugen deshalb auch nicht als Richter über deren Qualität.

Fünfte Gesprächsnotiz

Instrumentelle Güter sind Güter, die nur als Mittel zu einem wertvollen Zweck wertvoll sind, intrinsische Güter sind Güter, die in sich selbst wertvoll sind. Nach Ansicht des Hedonisten ist Lust das einzige intrinsische Gut. Um eine möglichst gute Lustbilanz zu erzielen, muss man vielleicht gerade besonders asketisch leben und man darf die Lust nicht immer direkt anstreben. Ein quantitativer Hedonist denkt, dass Lust sich im Wesentlichen nach Intensität und Dauer bemessen lässt, ein qualitativer Hedonist glaubt zudem, dass es verschiedene Lustqualitäten gibt. Diese kann derjenige bestimmen, der unvoreingenommen, aber gut informiert bezüglich der entsprechenden Lust ist.

Drei Fragen
an den Hedonisten

L. Ich finde, das mit den verschiedenen Lustqualitäten macht die Sache etwas unübersichtlich. Was zählt denn dann überhaupt alles als Lust?

Ph. Gute Frage. Manche würden sagen, dass es überhaupt nicht eine Sache gibt, die man sinnvollerweise als »Lust« bezeichnen kann. Ich meine, welches Gefühl haben die Erlebnisse Etwas-Gutes-Essen, Mit-Freunden-Plaudern, Einschönes-Bild-Ansehen, Eine-Einsicht-Haben usw. schon gemeinsam?

L. Vielleicht, dass das alles Dinge sind, die wir wertschätzen.

Ph. Das schon. Aber es gibt doch nicht ein Gefühl – ein »Lustgefühl« –, welches in all diesen Fällen auftritt und diese verschiedenen Erlebnisse erst wertvoll macht, oder?

L. Man müsste jedenfalls eine sehr abstrakte Form von Lustgefühl annehmen.

Ph. Also letztlich vom Lust*gefühl* an der Lust absehen! – Der Hedonist hat aber noch andere Probleme: Man kann sich nämlich fragen, ob Lust überhaupt immer etwas Gutes ist.

L. Wieso denn das?

Ph. Stellen Sie sich jemanden vor, der Lust dabei empfindet, wenn er andere quält. Macht diese Lust sein Leben wirklich besser oder eher schlechter?

L. Das ist schwer zu sagen, finde ich. Natürlich ist es schlecht, wenn er jemanden quält. Und es ist auch schlecht, wenn er jemand ist, der Lust beim Quälen anderer empfindet. Aber seine Lustempfindung selbst ist doch immer noch gut.

Ph. Wirklich? Wäre sein Leben nicht ein wenig besser, wenn er zumindest nicht Spaß daran hätte, andere zu quälen, sondern das zum Beispiel, entgegen seinen Neigungen, aus falsch verstandenem Pflichtgefühl tun würde? Klar ist es jedenfalls nicht, dass Lust ein intrinsisches Gut ist, und man sollte offensichtlich doch dazu kommen, bei den richtigen Dingen Lust zu empfinden.

L. Dann wären wir aber wieder so weit, dass wir unabhängig klären müssten, was die richtigen Dinge sind. Und wir hatten doch angenommen, dass nur die Lust an sich gut ist.

Ph. Das stimmt eben nicht.

L. Das sagen Sie so. Aber dafür würde ich doch gerne erst einmal ein Argument hören.

Ph. Es gibt ein schönes Gedankenexperiment des amerikanischen Philosophen Robert Nozick, das zeigen soll, dass wir nicht nur Lust wertschätzen. Das geht so: Stellen Sie sich vor, man würde Ihnen anbieten, sich an eine Maschine anschließen zu lassen, die Ihnen das lustvollste Leben vorgaukelt. Sie können sich das irgendwie so vorstellen, dass ein Supercomputer Ihre Nervenenden so reizt, dass Sie den Unterschied zur Wahrnehmung der realen Welt gar nicht merken. Würden Sie das Angebot annehmen?

L. Sie meinen wie in dem Film *Matrix*, so dass man praktisch ein Leben im Computerprogramm führen kann?

Ph. Ja, genau. Und man hätte natürlich die Garantie, dass der Computer wirklich eine lustoptimierte Welt vorspiegelt. Es könnte sogar so sein, dass man, wenn man erst einmal in der simulierten Welt ist, auch gar nicht mehr weiß, dass es nicht die echte Welt ist. Vielleicht durch eine kleine Gedächtnismanipulation.

L. Die Frage ist also, ob man ein lustvolles, aber nur vorgaukeltes Lebens einem realen, aber weniger lustvollen Leben vorziehen würde? – Hm. Ich würde das Angebot wohl nicht annehmen.

Ph. Und warum nicht?

L. Tja, ich weiß, worauf Sie hinauswollen: Weil es mir eben nicht nur auf die Lustempfindung ankommt, sondern auch darauf, ob meinen Empfindungen etwas Reales entspricht. Aber so richtig überzeugt bin ich noch nicht.

Ph. Dann sollten wir einmal konkrete Fälle ansehen, in denen es uns nicht auf die Lustempfindung ankommt, sondern darauf, was in der Welt tatsächlich vorgeht.

L. Eine Sekunde.

Sechste Gesprächsnotiz

*Der Hedonist muss sich mit drei schwierigen Fragekomplexen herumschlagen: 1) Gibt es überhaupt **eine** bestimmte Empfindung – die Lustempfindung –, die alles, was wertvoll ist, wertvoll macht? Ist Lust überhaupt eine Empfindung? Worin **genau** liegt eigentlich der intrinsische Wert, den der Hedonist annimmt? 2) Ist wirklich jede Lustempfindung wertvoll? Ist es nicht auch von Bedeutung, worauf sich die Lustempfindung bezieht? 3) Sind wirklich nur Lustempfindungen wertvoll oder sind uns noch ganz andere Dinge wichtig?*

Ein Leben
(auch) jenseits der Lust

Ph. Betrachten Sie einmal jemanden, der sich für das Wohl anderer Menschen einsetzt. Einer solchen Person geht es doch nicht um ihre eigene Lustempfindung!

L. Wieso? Es macht manchen Leuten eben ein gutes Gefühl, wenn sie anderen helfen. Oder zumindest haben sie ein schlechtes Gewissen, wenn sie nicht so handeln. Und das werden sie los, indem sie sich für andere einsetzen.

Ph. Das kann nicht die ganze Wahrheit sein: Nehmen wir einmal an, Sie hätten sich das Ziel gesetzt, die Situation der Obdachlosen in Ihrer Heimatstadt zu verbessern. In welchem der beiden folgenden Fälle, denken Sie, verläuft Ihr Leben besser: Fall 1: Sie glauben, dass durch Ihre Arbeit die Situation der Obdachlosen verbessert wird, und freuen sich darüber, obwohl die Situation sich in Wahrheit durch Ihr Engagement sogar verschlimmert. Fall 2: Sie glauben, dass Ihre Arbeit keinen Effekt hat oder sogar schadet, und sind darüber betrübt, obwohl durch Ihren Einsatz in

Wirklichkeit das Leben der Obdachlosen deutlich besser wird.

L. Am besten wäre es natürlich, wenn mein Einsatz erfolgreich wäre *und* ich mich darüber freuen könnte. Aber ich sehe, worauf Sie hinauswollen: Wenn es mir wirklich um die Obdachlosen geht, würde ich wohl den zweiten Fall dem ersten vorziehen.

Ph. Genau. Und vielen Menschen geht es wirklich um das Wohl anderer und nicht nur darum, wie sie sich dabei fühlen, wenn sie sich für das Wohl anderer einsetzen. Ein besonders gutes Beispiel ist vielleicht die Sorge für die eigenen Kinder.

L. Sie meinen, weil da klar ist, dass es weniger um das eigene Gefühl als um das Gedeihen der Kinder geht?

Ph. Ja. Stellen Sie sich einfach wieder vor, was Ihnen lieber wäre: Dass Sie glauben, es gehe Ihren Kindern gut, obwohl es ihnen schlecht geht, oder dass Sie glauben, es gehe Ihren Kindern schlecht, obwohl es ihnen gut geht.

L. Der zweite Fall wäre einem natürlich lieber. Die eigene Lustempfindung ist hier wirklich zweitrangig.

Ph. Tatsächlich hat man in solchen Fällen doch sogar nur deshalb Freude an dem, was man tut, weil man das, was man tut, schon unabhängig von dem resultierenden Lustgefühl für wichtig hält. Man freut sich, wenn es einem gelingt, anderen zu helfen, weil das etwas Gutes ist. Jedenfalls kann man kaum sagen, dass es nur deshalb etwas Gutes ist, anderen zu helfen, weil es einem selbst Freude macht.

L. Wohl eher, weil es demjenigen Freude macht, dem man hilft.

Ph. Eben. Und das ist häufig so, dass die Freude oder Lust zwar im Idealfall dazukommt, aber nicht das eigentlich für uns Wertvolle ist.

L. An was denken Sie noch?

Ph. Zum Beispiel an den Wert, den persönliche Beziehungen für uns haben. Nehmen Sie Geliebte, Freunde und Verwandte: Kommt es Ihnen darauf an, dass Sie das *Gefühl* haben, diesen Menschen wichtig zu sein, oder kommt es Ihnen nicht vielmehr darauf an, diesen Menschen wirklich wichtig zu sein?

L. Ich würde wieder sagen: Beides! Wenn man nur glaubt, von anderen gemocht zu werden, ohne wirklich gemocht zu werden, fehlt natürlich etwas Wichtiges. Aber wenn man nur tatsächlich anderen etwas bedeutet, davon aber nichts mitbekommt, ist es auch schlecht.

Ph. Das stimmt. Aber es ist doch wieder so, dass nicht nur das eigene Lustgefühl zählt, sondern ob tatsächlich eine wertvolle Beziehung, eine Liebe oder eine Freundschaft, besteht.

L. Und Sie wollen also darauf hinaus, dass ein gutes Leben nicht einfach ein lustvolles Leben ist, sondern eines, bei dem man das richtige Verhältnis zu seinen Mitmenschen hat?

Ph. Das scheint mir jedenfalls ein ganz wesentlicher Bestandteil des guten Lebens zu sein. Wenn Sie sich fragen, was Ihr Leben gut macht, werden Sie feststellen, dass das meiste davon etwas mit Ihren Beziehungen zu Ihren Mitmenschen zu tun hat.

L. Das stimmt.

Ph. Und es macht doch auch verständlich, warum die Menschen so viel Wert auf Liebe, Freundschaft und Familie legen und überhaupt in Harmonie mit ihren Mitmenschen leben wollen.

L. Aber kann nicht auch ein eher zurückgezogenes Leben ein gutes Leben sein? Ich meine: Schauen Sie sich selbst an!

Ph. Klar. Die Philosophen sind natürlich die Letzten, die das bestreiten würden. Philosophen haben immer den Wert eines Lebens der Einsicht und des Wissens, der Kontemplation, betont.

L. Ein Leben also, bei dem man die Lust der Erkenntnis genießt, sozusagen?

Ph. Ja. Aber es ist hier wieder so: Die Lust allein ist nicht das Entscheidende.

L. Ah, lassen Sie mich diesmal das Argument formulieren: Es ist uns nicht egal, ob wir nur glauben, etwas erkannt zu haben, uns in Wahrheit aber täuschen, oder ob wir wirklich etwas erkannt haben. Wenn es uns nur um das mit Erkenntnis verbundene Lustgefühl ginge, müsste aber beides gleichwertig für uns sein.

Ph. Genau. Offensichtlich halten wir also auch Erkenntnis, Wissenschaft und Weisheit für in sich wertvoll. Und deshalb vielleicht auch die Kunst.

L. Wieso Kunst? Ich hätte gedacht, dass es da hauptsächlich um Lustgewinn geht. Vorhin hatten wir doch die Lektüre von Gedichten als Beispiel für eine lustvolle Tätigkeit.

Ph. Ästhetischer Genuss ist bestimmt eine Form von Lust. Aber viele würden sagen, dass es in der Kunst nicht nur darum geht, sondern auch um Erkenntnis. Kunstwerke können uns doch die Welt und uns selbst mit anderen Augen sehen lassen. Zugegeben, das wäre ein Thema für eine eigene Diskussion …

L. Ich bin durchaus bereit einzuräumen, dass die Beschäftigung mit Kunst ein Bestandteil des guten Lebens sein kann. Aber, was ich mich frage: Wenn es verschiedene an sich gute Dinge gibt, worin besteht denn dann das gute Leben, das wir alle führen sollen? Man kann ja nicht zugleich als zurückgezogener Wissenschaftler und als öffentlicher Wohltäter leben.

Ph. Es gibt eben verschiedene Dinge, die ein Leben gelingen lassen können. Und dementsprechend gibt es auch nicht nur eine Form des guten Lebens. Ein Leben ohne Lust, ein Leben ohne Einsatz für die Mitmenschen, ein Leben ohne gute persönliche Beziehungen und ein Leben ohne Einsicht ist vermutlich kein gutes Leben. Man sollte diese Dinge anstreben. Aber erstens muss der Schwerpunkt sicher nicht bei jedem gleich sein. Und zweitens gibt es so viele verschiedene Arten, die jeweiligen Werte in eigenen Projekten zu realisieren, um auf diese Weise dem Leben eine individuelle Form zu geben.

L. Es hätte mich, ehrlich gesagt, auch ein bisschen gewundert, wenn Sie versucht hätten, mich davon zu überzeugen, dass es nur eine richtige Weise zu leben gibt.

Siebte Gesprächsnotiz

Selbst wenn man berücksichtigt, dass Lust in den verschiedensten Formen vorkommt, scheint es sich dabei nicht um das Einzige zu handeln, was intrinsischen Wert hat. Das Wohl anderer Menschen, persönliche Beziehungen (wie Liebe und Freundschaft) sowie Erkenntnis sind ebenfalls gute Kandidaten für in sich Wertvolles. Ein gutes Leben führt derjenige, der diese Werte (und vielleicht weitere) realisiert – wie und mit welchem Schwerpunkt, ist nicht festgelegt. Es gibt viele richtige Wege.

Von der Ethik zur Moral

L. Ich glaube, ich verstehe jetzt schon etwas besser, inwiefern die Philosophie bei der Beantwortung der Frage, wie man leben soll, hilft.

Ph. Und wir haben nur die allerersten Schritte gemacht. Dass ein Leben der Lust, ein »öffentliches« Leben, in dem es vor allem um die Beziehung zu anderen Menschen geht, und ein »privates« Leben der Weisheit aussichtsreiche Kandidaten für ein gutes Leben sind, ist ja vergleichsweise naheliegend. Man sieht das schon daran, welche Menschen wir besonders bewundern und welchen Idealen wir nacheifern.

L. Dem Lebemann, der Wohltäterin und dem Weisen, meinen Sie.

Ph. Eben. Die philosophisch interessante Frage ist aber, wie sich das alles *genau* verhält: Was Lust letztlich ist und welche Rolle sie in einem guten Leben spielen darf und welche nicht, was die Natur unserer Beziehungen zu anderen Menschen ist und sein sollte, welche Bedeutung Erkenntnis für ein gutes menschliches Leben hat – das sind Fragen, mit denen sich vor allem die antiken Ethiker – Platon, Aristoteles, die hellenistischen Philosophen – ausführlich beschäftigt haben. Jeder Mensch will ein glückliches Leben führen. Aber worin ein glückliches Leben besteht, ist nicht so klar. Und hier soll die Philosophie helfen.

L. Aber wie ich es anstelle, all das zu erreichen, was ein Leben gut macht, sagt mir die Philosophie nicht, oder?

Ph. Auf abstrakter Ebene schon. Denken Sie noch einmal an die zwei Weisen, wie man etwas falsch machen kann.

L. Weil man nicht weiß, was richtig ist, oder weil man, zum Beispiel aus Willensschwäche, nicht tut, was man als richtig erkannt hat.

Ph. Das heißt, sie müssen zuerst einmal erkennen, was im Allgemeinen und im Einzelfall richtig ist. Und dann müssen Sie einen Charakter haben, der es Ihnen erlaubt, das als richtig Erkannte auch zu tun. Kurzum, Sie müssen klug und charakterstark sein, mit einem Wort: tugendhaft. Das könnte man natürlich weiter ausführen …

L. Ich meinte aber eher, ob mir die Philosophie auch *konkret* sagt, wie man möglichst lustvoll, geliebt und überhaupt erfolgreich lebt?

Ph. Nein, nicht wirklich. Wenn Sie wissen wollen, wie man zum Beispiel möglichst viel Lust erzielt, müssen Sie eher ein Kochbuch oder einen Sexratgeber lesen als die Schriften der Hedonisten. Wenn Sie wissen wollen, wie man Freunde gewinnt, kann Ihnen die Psychologie sicher mehr als Aristoteles helfen. Und wenn Sie das Wohl anderer Menschen fördern wollen, ist die moderne Ökonomie und Politikwissenschaft vermutlich nützlicher als die Werke Platons. Aber wenn Sie verstehen wollen, was die Natur von Lust, Freundschaft und dem Wohl anderer ist und welche Rolle all das für ein gutes Leben spielt, dann sollten Sie die Philosophen lesen.

L. Wissen Sie, eine Sache geht mir aber schon die ganze Zeit im Kopf herum: So wie wir das bisher diskutiert haben, hört es sich so an, als würde der Kontakt zu anderen Menschen unser Leben nur besser machen. Das mag ja in Bezug auf Geliebte, Freunde, Verwandte und Menschen, für die wir uns einsetzen wollen, so sein. Aber ist es denn im Allgemeinen nicht vielmehr so, dass die unterschiedlichen Interessen die Menschen ständig aneinandergeraten lassen? Oft kann ich doch meine Ziele nur auf Kosten des anderen erreichen. Entweder bekomme ich den Kuchen oder ein anderer!

Ph. Die klassischen antiken Ethiker wollten eher zeigen, dass das gute Leben des Einzelnen und das gute Leben aller eng miteinander verbunden sind. Platon etwa dachte, dass mein eigenes Leben aus den Fugen gerät, wenn ich andere ungerecht behandle. Ich störe sozusagen durch ungerechtes Handeln die Ordnung und Einheit meiner eigenen Seele.

L. So dass ich mir selbst schade, wenn ich anderen schade?

Ph. Ja, und nicht nur, weil ungerechtes Handeln meistens gesellschaftlich sanktioniert wird. Vielmehr braucht man die Vorstellung eines Gerichts – im Jenseits oder im Diesseits –, das die Bösen bestraft und die Guten belohnt, so gesehen gar nicht: Der Böse bestraft sich schon selbst, indem er kein gutes Leben führt, und der Lohn des richtigen Handelns liegt vor allem im guten Leben selbst, das man als tugendhafter Mensch führt.

L. Aber es gibt doch Bösewichte, die sich bei ihren Schandtaten pudelwohl fühlen.

Ph. Vielleicht, wobei schon das sehr selten so sein dürfte. Aber vor allem haben wir doch gesehen, dass das Wohlfühlen nicht alles ist, worauf es bei einem guten Leben ankommt. Und dass ein Bösewicht nicht unbedingt merkt, dass er sein Leben verpfuscht, heißt nicht, dass er es nicht verpfuscht.

L. Verpfuscht, indem er andere falsch behandelt?

Ph. Ja. Platon hat sogar gemeint, dass es besser ist, Unrecht zu leiden als Unrecht zu tun, weil man dabei immer noch weniger Schaden nimmt! Einen fundamentalen Konflikt zwischen dem guten Leben für mich und dem guten Leben für die Gemeinschaft gibt es so gesehen überhaupt nicht, sondern beides hängt voneinander ab. Sowohl dem Einzelnen als auch der Gemeinschaft geht es am besten, wenn die Gemeinschaft die richtige Form hat und jeder seine Rolle in ihr richtig ausfüllt.

L. Ist das nicht viel zu optimistisch gedacht? Wir erleben es doch oft so, als könnte man sein eigenes Wohl nur auf Kosten des anderen fördern. Sonst gäbe es ja keine Konflikte.

Ph. Die Frage ist eben, worin das eigene gute Leben letztlich besteht und dementsprechend in welchem Verhältnis es zum guten Leben des anderen steht. Vielleicht gibt es Konflikte vor allem deshalb, weil die Menschen eine zu enge Vorstellung von ihrem eigenen Wohl haben, eine, der zufolge das Wohl des anderen nicht Teil des eigenen Wohls ist.

L. Oder die antiken Philosophen hatten eine zu weite Vorstellung vom eigenen Wohl.

Ph. Schwer zu sagen. Platon und Aristoteles geben sich viel Mühe, um ihre Leser davon zu überzeugen, dass nur ein tugendhaftes Leben ein gutes Leben ist, dass also die Sorge um das eigene Leben und die Sorge für die anderen letztlich zusammenfallen. Offensichtlich haben ihre Zeitgenossen das auch anders erlebt.

L. Die Menschen waren früher eben nicht besser als heute.

Ph. In der neuzeitlichen und modernen Moralphilosophie geht man jedenfalls von einer engeren Vorstellung vom eigenen Wohl und damit auch von Eigennutz aus und nimmt dann eher die Konflikte zwischen den Interessen verschiedener Menschen als Ausgangspunkt für die Frage, wie man richtig handeln soll. Es geht dann weniger um die umfassendere Frage, wie wir überhaupt leben sollen, sondern vor allem speziell darum, was wir einander schuldig sind.

L. *Wenn* wir einander etwas schuldig sind! Ich finde, das müsste man erst einmal klären.

Ph. Sie meinen, man müsste eine Art Begründung der Moral geben? Das versuchen Philosophen tatsächlich. Oder sagen wir: Sie versuchen jedenfalls, die Struktur der Moral offenzulegen, also zu klären, welche moralischen Forderungen grundlegend sind und welche nicht. Darüber sprechen wir morgen, schlage ich vor.

L. Da bin ich gespannt.

Achte Gesprächsnotiz

Die antike Ethik versucht die Frage zu beantworten, worin ein gutes Leben besteht. Welche Rolle spielt die Lust dabei (und was ist ihre Natur)? Welche Rolle spielen unsere Beziehungen zu anderen Menschen (und was ist deren Natur)? Welche Rolle spielt Erkenntnis? Wer ein gutes Leben führen will, muss klug sein, um den richtigen Weg zu finden, und charakterfest, um ihn auch gehen zu können – kurzum, er muss tugendhaft sein. Nach Platon gibt es eine prinzipielle Harmonie zwischen dem Wohl des Einzelnen und dem Wohl aller. Der nicht tugendhaft handelnde Mensch schadet sich selbst, indem er anderen schadet. Die moderne Moralphilosophie geht dagegen von einem Konflikt zwischen den Interessen verschiedener Individuen aus. Die entscheidende Frage ist dann nicht mehr, wie man überhaupt leben sollte, sondern vor allem, was man dem anderen schuldig ist – und er uns.

Wie sollen wir zusammen leben?

Moral
aus Eigennutz

Philosoph Wir waren gestern bei der Frage stehen geblieben, ob wir einander etwas schuldig sind, also letztlich: ob es eine Begründung der Moral gibt – auch wenn wir zunächst *nicht* davon ausgehen, dass das richtige Verhalten unseren Mitmenschen gegenüber einfach ein wesentlicher Teil unseres eigenen guten Lebens ist.

Leser Und ich bin wirklich neugierig, was die Philosophie dazu zu sagen hat. Das ist schließlich ein Problem, mit dem man immer wieder konfrontiert ist: »Monatskarte oder schwarzfahren?«, »Steuern zahlen oder schwarzarbeiten?«, »Fair sein oder den Konkurrenten anschwärzen?« Kurzum: Muss man denn wirklich moralisch sein, auch wenn es einem selbst schadet?

Ph. Ich denke, es gibt drei grundlegend verschiedene Ansätze zur Begründung der Moral, die wir besprechen sollten. Und der erste beginnt genau da, wo wir auch gestern schon angefangen haben: bei der Vorstellung, dass das gute Leben darin besteht, die eigenen Wünsche erfüllt zu bekommen beziehungsweise die eigene Lust zu maximieren. Die Grundidee ist dann: Auch um ein möglichst gutes Leben in diesem Sinn zu haben, muss man moralisch handeln.

L. Aber gerade das leuchtet doch überhaupt nicht ein. Es

45

scheint vielmehr so zu sein, dass man auf einiges verzichten muss, wenn man moralisch sein will.

Ph. Da muss ich ein bisschen ausholen. Kennen Sie das Gefangenendilemma?

L. Nein, was ist das?

Ph. Also stellen Sie sich folgenden Fall vor: Zwei Personen, Tony und Chris, sagen wir, haben zusammen einen bewaffneten Überfall begangen und wurden gefasst.

L. Pech gehabt.

Ph. Nicht nur. Der Staatsanwalt kann ihnen den bewaffneten Überfall nämlich nicht nachweisen, sondern nur unerlaubten Waffenbesitz. Für den bewaffneten Überfall müssten sie zehn Jahre hinter Gitter, für den unerlaubten Waffenbesitz nur ein Jahr. Aber jetzt kommt der Staatsanwalt auf eine Idee.

L. Er will sie gegeneinander ausspielen?

Ph. Genau. Er macht Chris folgendes Angebot. Wenn er gesteht und Tony verrät, geht er als Kronzeuge ganz ohne Strafe aus und Tony muss zehn Jahre hinter Gitter, *falls* Tony nicht auch gesteht. Wenn nämlich beide gestehen, bekommen beide nur eine Strafmilderung und müssen immer noch acht Jahre ins Gefängnis. Dasselbe Angebot macht der Staatsanwalt allerdings auch Tony.

L. Sehr gemein. Und jetzt überlegt jeder, was wohl der andere macht.

Ph. Das ist erstaunlicherweise ganz egal! Schlüpfen wir einmal in die Rolle von Chris. Er überlegt sich Folgendes: Entweder Tony gesteht oder nicht. Wenn er gesteht, habe ich zwei Möglichkeiten, auch gestehen oder dichthalten. Im ersten Fall bekomme ich acht Jahre, im zweiten zehn. Also sollte ich gestehen.

L. Was aber, wenn Tony dichthält?

Ph. Dann hat Chris auch zwei Möglichkeiten, gestehen oder nicht. Wenn er gesteht und damit Tony verrät, bekommt er Straffreiheit, wenn nicht, muss er immerhin noch ein Jahr lang für unerlaubten Waffenbesitz hinter Gitter. Er fährt also auch hier besser, wenn er gesteht.

L. Dann spielt es also tatsächlich keine Rolle, was Tony macht: Chris fährt besser, wenn er gesteht. Aber das Gleiche wird sich auch Tony denken, oder? Die Situation ist doch völlig symmetrisch.

Ph. Genau. Wenn jeder das tut, was für ihn vernünftig ist, gestehen also beide, und sie landen acht Jahre im Gefängnis.

L. Aber es wäre doch viel vernünftiger, wenn beide dichthalten würden. Dann würden sie beide nur ein Jahr bekommen.

Ph. Deshalb heißt es auch das »Gefangenen*dilemma*«: Einerseits scheint es für beide vernünftiger zu sein, zu gestehen und damit gegen den anderen zu arbeiten. Andererseits scheint es für beide vernünftiger zu sein, nicht zu gestehen und damit mit dem anderen zu kooperieren. Es kann aber nicht beides zugleich vernünftiger sein.

L. Kann man vielleicht sagen, dass die Kooperation aus Sicht der Gemeinschaft von beiden vernünftiger ist, das asoziale Verhalten aus Sicht der Einzelpersonen?

Ph. Nein, das ist nicht entscheidend. Die acht Jahre sind ja für jeden einzeln nicht so gut wie das eine Jahr.

L. Aber wie sollen sich die beiden denn dann entscheiden?

Ph. Wenn man wirklich zwischen »beide gestehen« und »beide dichthalten« zu entscheiden hätte, dann wäre es vernünftig, sich für »beide dichthalten« zu entscheiden. So wie die Situation beschrieben ist, kann man aber nur zwischen »selber gestehen« und »selber dichthalten« entscheiden. Es wird nämlich nicht *erzwungen*, dass beide gleich entscheiden. Und da ist es tatsächlich vernünftig zu gestehen, obwohl man dann voraussichtlich bei den acht Jahren landet. In Wirklichkeit ist das kein Dilemma, sondern einfach eine ziemlich blöde Situation.

L. Und wenn sie sich absprechen dürften?

Ph. Das würde das Problem auch nicht lösen. Stellen Sie sich vor, der Staatsanwalt lässt beide miteinander reden, und sie vereinbaren, beide dichtzuhalten, also zu kooperieren. Aber dann ist jeder wieder in seiner Zelle und fragt sich: Soll ich mich nun an die Absprache halten?

L. Ach so. Und das ist dann wieder wie zuvor, weil es für jeden vernünftig ist, die Absprache nicht einzuhalten. Eine traurige Geschichte. Aber warum haben Sie mir die überhaupt erzählt?

Ph. Weil manche Philosophen sich eine Gesellschaft ohne Moral so ähnlich vorstellen. Sie kennen vielleicht die Idee eines Naturzustandes von Thomas Hobbes? Der Mensch ist des Menschen Wolf …

L. Ach so, der Krieg aller gegen alle?

Ph. Das kann man wie ein Gefangenendilemma beschreiben. Stellen wir uns eine Gesellschaft ohne Moral vor, in der alle etwa gleich stark und gleich schlau sind, so dass niemand eine natürliche Überlegenheit hat, und in der alle dieselben, knappen Güter haben wollen. Jeder fragt sich, ob er sich den anderen gegenüber aggressiv oder friedlich verhalten sollte. Dann ist es genau wie im Gefangenendilemma: Die anderen sind entweder aggressiv oder nicht. Sind sie aggressiv, so fährt man besser, wenn man selbst auch aggressiv ist, denn sonst ist man ihnen schutzlos ausgeliefert. Und sind die anderen friedlich, sollte man ebenfalls aggressiv sein, denn dann sind die anderen schutzlos und man kann viel gewinnen. So oder so, ist es vernünftig, aggressiv zu sein.

L. Und das denkt jeder, und so kommt es zum Krieg aller

gegen alle, obwohl alle viel besser fahren würden, wenn alle friedlich wären. Auch traurig.

Ph. Ja, und Hobbes dachte, dass wir vernünftigerweise aus dieser Situation einen Ausweg suchen sollten.

L. Aber wir haben doch gerade gesagt, dass es keinen vernünftigen Ausweg gibt, weil es für alle vernünftig ist, aggressiv zu sein.

Ph. Das stimmt, solange man nur eine isolierte Entscheidungssituation betrachtet. Aber die Lage ändert sich grundlegend, wenn man bedenkt, dass die Menschen in der Regel mehrfach miteinander zu tun haben. Nehmen Sie noch einmal Chris und Tony. Meinen Sie, die würden sich wirklich verraten?

L. Nicht, wenn sie auch in Zukunft weiter gemeinsam Verbrechen verüben wollen.

Ph. Genau, das ist der Trick. Wenn man in Zukunft nichts mehr miteinander zu tun hätte, wäre es vernünftig, den anderen in die Pfanne zu hauen. Aber so ist es meistens nicht. Stellen Sie sich die Menschen im Naturzustand vor. Nehmen wir an, einer braucht, um seine Ernte einzubringen, die Hilfe anderer und verspricht ihnen, falls sie ihm jetzt helfen, später auch ihnen mit ihrer Ernte zu helfen. Sollte er, nachdem er die Hilfe erhalten hat, sein Versprechen noch halten?

L. Im Moment ist das natürlich lästig. Aber wenn er auch im nächsten Jahr wieder Hilfe bekommen will, muss er wohl.

Ph. Eben. In so einem Fall ist die vernünftige Strategie »Zug um Zug«.

L. Bitte?

Ph. Man kooperiert erst einmal und wartet, was der andere tut. Kooperiert der auch, so kooperiert man selbst ebenfalls weiter. Wenn nicht, macht man selbst auch nicht mehr mit.

Das ist langfristig am erfolgversprechendsten. Man kann das sogar irgendwie mathematisch beweisen.

L. Leuchtet jedenfalls unmittelbar ein, dass man so lange mittun sollte, solange der andere auch fair spielt.

Ph. Und das ist auch der Ausweg aus dem Naturzustand. Man kooperiert mit denen, die ihrerseits kooperieren. Die anderen werden ausgeschlossen.

L. Da muss man dann wohl aufpassen, dass man keiner von den anderen ist.

Ph. Ja. Wenn man als Einzelner in den Naturzustand zurückfällt, hat man es wirklich schwer. Also ist es vernünftig, zu kooperieren. Und so ist die Moral begründet.

L. Das ging jetzt etwas schnell. Was hat das mit Moral zu tun?

Ph. Man könnte sagen, dass moralische Regeln gerade die Bedingungen der Kooperation zum Ausdruck bringen: Man soll seine Versprechen halten, man soll Gewinne gerecht verteilen und so weiter. Die Zusammenfassung wäre vielleicht die goldene Regel »Was du nicht willst, dass man dir tu, das füg auch keinem anderen zu.« Wer diese Regel nicht einhält, ist als Kooperationspartner ungeeignet und wird aus der Kooperationsgemeinschaft ausgeschlossen werden.

L. Und das ist die Begründung?

Ph. Diese Überlegung zeigt doch, dass es für alle *nützlich* ist, die Regeln der Moral zu befolgen. Man schadet sich auf die Dauer selbst, und zwar in einem völlig egoistischen Sinn, wenn man unmoralisch handelt. Also sollte man aus rein egoistischen Gründen moralisch sein. Auf diese Weise hat man etwas ziemlich Kontroverses – dass man moralisch sein soll – mit etwas völlig Unkontroversem – dass es gut ist, sein eigenes Leben zu schützen und zu verbessern – begründet. Überzeugender geht es nicht.

L. Aber wie erklärt man, dass die Leute trotzdem oft unmoralisch sind, wenn sie dann doch angeblich ihren eigenen Interessen zuwiderhandeln?

Ph. Ganz einfach. Die Leute sind eben unvernünftig. Sie tun, was ihnen kurzfristig nutzt, aber langfristig umso mehr schadet. Sie hintergehen einander, um etwas für sich herauszuschlagen, fallen dann aber aus der Kooperationsgemeinschaft heraus und stehen schlechter da, als wenn sie sich anständig aufgeführt hätten.

Erste Gesprächsnotiz

Eine Gesellschaft ohne Moral kann man sich zunächst einmal wie ein großes Gefangenendilemma vorstellen: Es erscheint für alle vernünftig, die Kooperation zu verweigern, was aber zu einem Krieg aller gegen alle führt. Sobald man jedoch berücksichtigt, dass die Mitglieder der Gesellschaft dauerhaft miteinander umgehen müssen, sieht man, dass es im reinen Eigeninteresse liegt, mit den anderen zu kooperieren, solange diese ebenfalls kooperieren, also insbesondere grundlegende moralische Normen einzuhalten. Jeder für sich betrachtet fährt dann besser.

Eine falsche Begründung der Moral?

L. Ist es aber nicht so, dass derjenige, der nicht kooperiert, nur dann schlechter fährt, wenn die anderen es merken? Schwarzfahren ist doch auch so lange rentabel, solange man nicht erwischt wird.

Ph. Das stimmt natürlich. Die Gefahr, erwischt zu werden, muss deshalb hinreichend groß sein beziehungsweise die Folge, wenn man erwischt wird, hinreichend drastisch. Und

Hobbes hätte zum Beispiel gesagt, dass ein Ausschluss aus der Gemeinschaft eine so schlimme Sache ist, dass es sich niemals lohnt, das Risiko einzugehen, erwischt zu werden.

L. Kurzum: Verbrechen lohnt sich nicht. Das ist natürlich schon ein guter Grund, moralisch zu sein, aber irgendwie hatte ich mir eine Begründung der Moral doch anders vorgestellt. Irgendwie, wie soll ich sagen, idealistischer.

Ph. Ich glaube, ich weiß, was Sie meinen. Und ich denke, man kann das so auf den Punkt bringen: Diese Argumentation benennt nicht den eigentlichen Grund, warum wir moralisch sein sollen. Wenn ich Sie beispielsweise frage, warum ich niemanden bestehlen darf. Was antworten Sie?

L. Na, weil Sie der Person dann Schaden zufügen.

Ph. Eben. Derjenige, der unsere Moralbegründung akzeptiert, würde aber etwas ganz anderes sagen. Er würde sagen, dass ich den anderen nicht bestehlen darf, weil ich dann *mir selbst* schade. Das kann natürlich sein. Aber das ist nicht, was wir hier als moralisch relevant ansehen würden.

L. Das stimmt. Die Überlegung liefert also sozusagen das richtige Ergebnis, aber mit der falschen Begründung.

Ph. Ja. Und der Fehler liegt doch darin, dass diese Begründung allein bei der Nützlichkeit der Moral ansetzt. Man wird aber so der Natur der Moral nicht gerecht. Moralische Gebote scheinen uns nicht nur zu verpflichten, wenn und insoweit ihre Befolgung für uns nützlich ist, sondern aus sich heraus. Sie gelten, wie man sagt, »kategorisch«.

L. Das gibt unsere Begründung anscheinend nicht her.

Ph. Hinzu kommt, dass sie tatsächlich nicht einmal in allen Fällen das richtige Ergebnis liefert. Wem gegenüber, würden Sie sagen, haben wir moralische Verpflichtungen?

L. Moralische Verpflichtungen hat man doch wohl gegenüber allen.

Ph. So würde man denken. Aber in unserem Modell kann man nur begründen, dass man sich denen gegenüber anständig verhalten sollte, die als Kooperationspartner infrage kommen oder uns zumindest schaden könnten. Alle anderen können mir völlig egal sein. Und das sind einige.

L. Sie meinen Kinder, Alte und Kranke?

Ph. Aber auch alle Menschen, die räumlich oder zeitlich weit von uns entfernt sind, also Leute aus fernen Ländern und künftige Generationen. Und vielleicht haben wir zusätzlich gegenüber nichtmenschlichen Lebewesen Verpflichtungen (zum Beispiel die, sie nicht zu quälen). Die fallen ebenfalls heraus.

L. Es könnte immerhin sein, dass sich jemand, dessen Interessen man berücksichtigen muss, für diese Personen und Lebewesen einsetzt, so dass man – zumindest indirekt – auch deren Interessen berücksichtigen muss.

Ph. Ja, *wenn* sich jemand, den ich als Kooperationspartner ernst nehmen muss, für Menschen einsetzt, die ich nicht selbst als Kooperationspartner berücksichtigen müsste, habe ich einen Grund, auch Letztere anständig zu behandeln. Aber eben nur dann. Und das scheint wiederum nicht wirklich unserer Vorstellung von Moral zu entsprechen.

L. Wie ich vorher schon sagte: Diese Begründung der Moral ist irgendwie nicht idealistisch genug.

Ph. Das ist der Preis dafür, dass sie so wenig voraussetzt. Vielleicht ist der Eigennutz eben doch eine zu schmale Basis, um die Moral darauf zu errichten.

Zweite Gesprächsnotiz

Begründet man die Moral mit dem bloßen Eigennutz, so stellen sich zwei grundlegende Fragen: 1) Werden so nicht die falschen Gründe für die Einhaltung moralischer Normen geben? (Sollen

*wir dem anderen tatsächlich nur deshalb keinen Schaden zu-
fügen, weil wir damit letztlich uns selbst schaden?) 2) Kann
man so alle legitimen moralischen Forderungen begründen
(auch die gegenüber Kindern, Alten, Kranken, künftigen Generationen, nichtmenschlichen Lebewesen)?*

**Moral zur
Gesamtnutzenmaximierung**

L. Dann müssen wir wohl eine breitere Basis wählen. Was
schlagen Sie vor?

Ph. Man kann durch eine kleine Veränderung des Ausgangs-
punkts eine ganz andere Art von Überlegung in Gang bringen. Gerade eben sind wir davon ausgegangen, dass nur der
Eigennutz etwas Gutes ist. Der Einfachheit halber können
wir ja sagen, dass Eigennutz nichts anderes als die Steigerung
der eigenen Lust ist, so dass unsere Annahme war, dass nur
die Steigerung der eigenen Lust etwas Gutes ist. Aber vielleicht ist es viel plausibler, stattdessen anzunehmen, dass einfach die Steigerung der Lust etwas Gutes ist.

L. Ich sehe, offen gesagt, nicht so ganz, was da der Unterschied ist.

Ph. Im ersten Fall gilt nur die *eigene* Lust als gut, im zweiten
Fall *jede* Lust. Man kann sich den Unterschied leicht klarmachen, indem man sich fragt, ob man einen Grund hat, einer
anderen Person Lust zu verschaffen, auch wenn einem das
selbst keine Lust verschafft. Wenn nur die eigene Lust ein
Wert ist, hat man keinen Grund, wenn aber jede Lust wertvoll ist, schon.

L. Und Sie halten Letzteres für plausibler?

Ph. Eigentlich schon. Wenn meine Lust etwas Gutes ist, dann liegt das doch vor allem daran, dass es eine *Lust* ist, nicht daran, dass es *meine* ist. Wenn Lust an sich nichts Gutes wäre, wie könnte dann meine Lust etwas Gutes sein? Der *egoistische* Hedonist würde sagen, dass nur die eigene Lust ein Gut ist; der *nichtegoistische* Hedonist würde dagegen sagen, dass jede Lust ein Gut ist.

L. Okay. Nehmen wir also einmal einen solchen nichtegoistischen Hedonismus an. Wie kommt man damit zur Moral?

Ph. Das ist eigentlich ganz einfach. Klarerweise sollte ich immer das tun, was am besten ist. Am besten ist aber doch, so könnte man annehmen, die Handlungsweise, welche die besten Folgen hat. Wenn Lust das einzige Gut ist, dann ist die beste Handlungsweise die, welche am meisten Lust produziert. Und damit sind wir schon beim Grundprinzip eines hedonistischen Utilitarismus: Handle stets so, dass die Lust maximiert wird. Und das ist dann der Grundsatz der Moral!

L. Moment, nicht so schnell. Warum nennen Sie das einen »hedonistischen Utilitarismus«?

Ph. Der Utilitarist vertritt das Prinzip »Handle stets nutzenmaximierend!«. Und dann hat man natürlich verschiedene Möglichkeiten, was man unter »Nutzen« verstehen kann. Der Hedonist sagt: »Nutzen ist Lust.« Wenn man dagegen glaubt, dass der einzige Wert in der Wunscherfüllung liegt, würde man eher sagen »Nutzen ist Wunscherfüllung« (und dann käme man zu einem sogenannten Präferenzutilitarismus). Man kann sich auch noch andere Varianten vorstellen.

L. Und als Grundsatz der Moral taugt das, weil man nicht nur egoistisch die eigene Lust maximieren soll, sondern die Lust überhaupt, also letztlich die Lust aller?

Ph. Genau, die Lust aller von meiner Handlung Betroffenen. Bentham hat das Schlagwort geprägt, man solle stets das »größte Glück der größten Zahl« anstreben. Aber das ist eher irreführend, finde ich, weil man ja nicht das Glück *und* die Zahl maximieren soll. Man muss einfach die Handlungsoption mit dem größten Gesamtnutzen wählen.

L. Ist das jetzt nicht ein bisschen zu selbstlos gedacht?

Ph. Nicht unbedingt. Man selbst ist von seinen eigenen Handlungen meistens auch betroffen, und manchmal sogar nur man selbst. Dann muss man sich auch selbst berücksichtigen oder eben sogar nur sich selbst.

L. Das Problem, dass Kinder, Alte und Kranke in der Begründung der Moral nicht berücksichtigt sind, hat dieser Ansatz jedenfalls nicht.

Ph. Utilitaristen sind immer besonders progressiv gewesen in Bezug auf die Frage, wer moralisch berücksichtigt werden soll. Zu einer Zeit, als die Gleichberechtigung der Frauen noch lange nicht in Sicht war, hat zum Beispiel Mill, der einer der bedeutendsten Utilitaristen ist, die Gleichstellung der Frauen gefordert. Und heutige Utilitaristen setzen sich teilweise für größere Sensibilität in unserem Umgang mit Tieren ein, weil auch Tiere Lust und Leid erfahren können und damit bei der Nutzenrechnung berücksichtigt werden müssten.

L. Da hat man allerdings vermutlich in verschärfter Weise das Problem, das wir schon gestern angesprochen haben: dass Lust schwer mess- und vergleichbar ist.

Ph. Das stimmt natürlich.

L. Wird denn damit das Prinzip »Handle stets so, dass die Lust maximiert wird« nicht völlig unnütz? Ich meine: Woher soll ich wissen, welche meiner Handlungen wie viel Lust erzeugt?

Ph. Das ist tatsächlich ein Problem für den hedonistischen

Utilitaristen. Aber man kann natürlich sagen, dass es ihm zunächst einmal nur darum geht, auf den Punkt zu bringen, worin richtiges Handeln besteht. Wenn sich dann herausstellt, dass wir nicht in der Lage sind, herauszufinden, was wir tun sollen, ist das nicht sein Problem, sondern unseres. Und ist es nicht so, dass wir wirklich oft nicht wissen, welche Handlungsmöglichkeit die beste ist?

L. Na ja, dann wäre das utilitaristische Prinzip doch nur von theoretischem Interesse.

Ph. Immerhin. Wir sind hier schließlich im Elfenbeinturm, wo es vor allem um das Erkennen geht. Außerdem ist es aber auch so, dass wir nicht völlig im Dunkeln tappen, wenn es um die Abschätzung der Lustbilanz geht. Wenn Sie sich fragen, ob Sie Ihrem Freund beim Umzug helfen sollen oder nicht, dann überlegen Sie doch beispielsweise, wie viel Freude ihm das wohl macht und wie viel Umstände Ihnen. Sie können das nicht ganz genau wissen, aber immerhin einigermaßen abschätzen.

L. Ja, das leuchtet schon eher ein.

Ph. Es gibt allerdings noch ein anderes, ähnliches Problem: Es ist schwer, alle Handlungsfolgen zu berücksichtigen. Sie wissen ja nicht, was alles dadurch in Gang gesetzt wird, dass Sie heute Ihrem Freund beim Umzug helfen. Das kann übel ausgehen.

L. Wieso?

Ph. Vielleicht treffen Sie unterwegs den Partner Ihrer Träume, bekommen zusammen ein Kind, dieses Kind wird vielleicht ein erfolgreicher Demagoge und löst den dritten Weltkrieg aus, was zum Untergang der Menschheit führt. Würde vielleicht alles nicht passieren, wenn Sie heute stattdessen ins Kino gehen würden.

L. Es sei denn, mein Traumpartner sitzt im Kino!

Ph. Ja, kann sein.

L. Also ist das utilitaristische Prinzip doch nutzlos.

Ph. Nein, man kann wieder ähnlich wie gerade eben argumentieren: So ungefähr können wir die Folgen unserer Handlungen offensichtlich schon einschätzen. Und die Wahrscheinlichkeit, dass etwas Schlimmes passiert, ist nun einmal sehr viel geringer, wenn Sie heute Ihrem Freund beim Umzug helfen, als wenn Sie heute einen Anschlag auf ein Atomkraftwerk verüben.

L. Ich verstehe. Aber schiefgehen kann immer etwas.

Ph. So ist das bei uns Menschen. Es gibt übrigens noch eine Möglichkeit, wie der Utilitarist auf solche Einwände reagieren kann. Er kann nämlich darauf hinweisen, dass wir im Normalfall sowieso nicht sein Prinzip verwenden sollen, um zu einer Entscheidung zu kommen.

L. Warum denn das?

Ph. Weil es nicht nutzenmaximierend ist, stets den Nutzen maximieren zu wollen. Stellen Sie sich vor, Sie würden bei jeder Handlung überlegen, ob sie nutzenmaximierend ist. Das wäre doch extrem hinderlich.

L. Das stimmt natürlich. Wenn ich erst lange überlege, ob ich einen Ertrinkenden aus dem Fluss retten soll, ist es vielleicht schon zu spät.

Ph. Ja, und wenn Sie erst lange überlegen, ob es den Nutzen maximiert, wenn Sie Ihren Partner küssen, macht der Kuss keinen Spaß mehr. Erinnern Sie sich: Das ist wieder das Paradox des Hedonismus. Wer Lustmaximierung direkt anstrebt, verhindert sie vielleicht genau dadurch.

L. Dann ist das utilitaristische Prinzip aber wirklich ein bisschen unpraktisch.

Dritte Gesprächsnotiz

Der Hedonist behauptet, dass nur Lust wertvoll ist, er sagt nicht unbedingt, dass nur die eigene Lust wertvoll ist. Der Utilitarist behauptet, dass es stets richtig ist, den Nutzen zu maximieren, und der hedonistische Utilitarist fordert, dass man immer die Handlungsalternative wählen sollte, welche die Lust maximiert. Zu bestimmen, welche Handlung wie viel Lust und Unlust zur Folge hat, ist nicht nur schwierig, weil man Lust schwer messen kann, sondern auch, weil man die Folgen einer Handlung nie vollständig überblickt. Eine ungefähre Vorstellung hat man aber durchaus, und außerdem will der Utilitarist vor allem ein Kriterium für die richtige Handlung geben. Ob wir im Einzelfall erkennen können, was zu tun richtig ist, ist eine andere Frage. Und ob es überhaupt nutzenmaximierend ist, das utilitaristische Prinzip in unseren alltäglichen Überlegungen zu verwenden, ist ebenfalls zweifelhaft.

Das Grundproblem
des Utilitarismus

Ph. Ich denke, das Hauptproblem des Utilitaristen besteht nicht darin, dass sein Prinzip vielleicht etwas unpraktisch in der Anwendung ist. Problematisch ist vor allem, dass dieses Prinzip die Rechte des einzelnen Menschen nicht angemessen berücksichtigt.

L. Wieso denken Sie das? Immerhin wird doch jeder berücksichtigt (sogar die Tiere). Und alle zählen gleich. Das ist doch eigentlich sehr gerecht.

Ph. Mit Gerechtigkeit hat der Utilitarist aber auch eine Schwierigkeit. Stellen Sie sich zum Beispiel vor, Sie könnten zwischen folgenden beiden Möglichkeiten wählen: Entweder

Sie dürfen Antonia, Bruno, Corinna und Daniel je 10 Euro geben, oder aber Sie dürfen Antonia 41 Euro geben und den anderen nichts. Welche Option ist nach Ansicht des Utilitaristen die beste, falls man einmal davon ausgeht, dass der Nutzen allein im Geld liegt?

L. Ich sehe das Problem: Wenn ich Antonia 41 Euro gebe, ist der Gesamtnutzen größer, als wenn ich allen vieren je 10 Euro gebe. Also sollte ich diese Möglichkeit wählen, obwohl dann die Verteilung ungerecht wäre.

Ph. Ja. Sie haben zwar alle berücksichtigt, aber das reicht nicht, um eine gerechte Verteilung sicherzustellen. Und dass eine Verteilung ungerecht ist, spielt für den Utilitaristen immer nur indirekt eine Rolle, falls dadurch der Gesamtnutzen beeinflusst wird, nicht an und für sich.

L. Das ist tatsächlich problematisch.

Ph. Stimmt. Das meinte ich allerdings gar nicht, als ich sagte, dass der Utilitarismus die Rechte des Einzelnen nicht angemessen berücksichtigt. Ich dachte zum Beispiel daran, dass man ein Recht auf ein gewisses Maß an Parteilichkeit hat. Ist es denn wirklich plausibel, anzunehmen, dass man sich um die Lust der anderen *genauso* kümmern muss wie um seine eigene?

L. Man wird nicht bestreiten wollen, dass sich die meisten Menschen tatsächlich um ihre eigene Lust viel mehr kümmern. Aber der Utilitarist könnte doch sagen, dass es trotzdem moralisch gesehen besser wäre, wenn uns die Lust der anderen gleichermaßen am Herzen liegen würde.

Ph. Das würde dann aber bedeuten, dass wir das Wohl von ganz Fernstehenden genauso berücksichtigen müssten wie unser eigenes Wohl und auch wie das Wohl unserer Kinder, Partner und so weiter. Glauben Sie wirklich, dass wir beispielsweise verpflichtet sind, so lange für Drittweltländer zu spenden, solange unser Geld dort effektiver der Lustmaximierung dient als bei uns selbst? Wenn die Moral das von uns verlangt, überfordert sie uns doch.

L. Das kann schon sein. Aber es hat ja nie jemand behauptet, dass es immer einfach ist, moralisch richtig zu handeln. Außerdem werden wir uns doch immer viel effektiver für das Wohl der Nahestehenden einsetzen können als für das Wohl Fernstehender, so dass wir uns vermutlich auch nach Ansicht des Utilitaristen vor allem um unsere Nächsten kümmern sollen.

Ph. Ich sehe schon, der Utilitarismus gefällt Ihnen anscheinend gar nicht so schlecht. Da bin ich einmal gespannt, was Sie zu dem folgenden Beispiel sagen, das auf den amerikanischen Philosophen Gilbert Harman zurückgeht: Stellen Sie sich vor, eine kerngesunde Sportlerin geht zum Routinecheck ins Krankenhaus. Leider trifft sie auf einen utilitaristischen Arzt, der fünf andere Patienten hat, die dringend Spenderorgane brauchen, sagen wir: zwei Nieren, Herz, Lunge und Leber. Jetzt rechnet der Arzt so: Die Sportlerin hat noch ca. 60 Jahre zu leben. Meine fünf Patienten würden je 20 Jahre Lebenszeit gewinnen, also insgesamt 100, wenn ich jetzt gleich operiere. Im Durchschnitt haben alle gleich viel Lust pro Lebensjahr. Also sagt er zur Sportlerin: Gut, dass Sie kommen!

L. Er darf sie doch nicht einfach ausschlachten!

Ph. Aber warum nicht? Der Arzt maximiert doch tatsächlich den erwarteten Nutzen. Offensichtlich ist also Nutzenmaximierung nicht alles, was man berücksichtigen muss.

L. Und was sagen die Utilitaristen dazu?

Ph. Man kann schon Schlupflöcher in dem Beispiel finden. Stellen Sie sich vor, der Arzt würde tatsächlich die Sportlerin als unfreiwillige Organspenderin verwenden. Was würde wohl passieren?

L. Wenn das rauskäme und er nicht bestraft werden würde, würde jedenfalls kein Mensch mehr zum Routinecheck ins Krankenhaus gehen.

Ph. Und dadurch würde langfristig die Lust eben doch nicht maximiert. Es würden sehr viele Leute früher sterben, so dass die gewonnenen 40 Jahre schnell überkompensiert wären. Also sollte der Arzt die Sportlerin auch nach Ansicht des Utilitaristen in Ruhe lassen.

L. Dann ist ja alles in Ordnung.

Ph. Nein, gar nicht. Der Utilitarist kommt zwar vielleicht auch zu dem Ergebnis, dass man die Sportlerin in Ruhe lassen sollte, aber immer noch aus dem falschen Grund. Das ist so ähnlich wie bei der Begründung der Moral aus Eigennutz. Selbst wenn man in Bezug auf konkrete Handlungen zum richtigen Ergebnis kommt, können doch die Gründe falsch sein. Und auf die kommt es an, wenn man die Moral verstehen möchte.

L. Hm. Und Sie würden sagen, dass der eigentliche Grund dafür, dass man die Organe nicht einfach entnehmen darf, darin liegt, dass das die Rechte der Sportlerin verletzen würde?

Ph. Genau. Ihr Recht, über ihren Körper selbst zu bestimmen, würde ignoriert, und das spricht dafür, sie in Ruhe zu lassen – ganz unabhängig davon, was der Nutzen wäre, wenn sie als Organspenderin fungieren würde. Rechte kommen aber im Utilitarismus nicht als eigene Ansprüche vor. Und das ist ein Problem.

L. Das stimmt wohl. Kann man das nicht irgendwie in den Utilitarismus einbauen? Ganz aufgeben will man die Idee, dass es gut ist, den Nutzen zu maximieren, doch wohl nicht.

Ph. Das versuchen tatsächlich viele Moralphilosophen in der einen oder anderen Weise. Aber es ist nicht einfach, weil der Utilitarismus nur auf das Wohl des Menschen sieht, nicht auf seine Würde, und daher ein Problem mit unbedingten Rechten hat, die sich aus dieser Würde ergeben. Der Utilitarismus kann sämtliche moralischen Gebote nur berücksichtigen, insofern sie ein Mittel zum Wohl des Menschen sind. Das sieht man sehr schön, wenn man den Regelutilitarismus betrachtet.

L. Was ist das?

Ph. Man fordert nicht »Handle stets nutzenmaximierend!«, sondern »Handle stets nach den Regeln, deren allgemeine Befolgung nutzenmaximierend ist!«.

L. Verstehe ich das richtig: Man hat also praktisch zwei Schritte. Erst wird ein System von Regeln danach ausgewählt, ob es, wenn es allgemein befolgt wird, den Nutzen maximiert. Und dann handelt man einfach nach diesen Regeln?

Ph. Genau. Und eine Regel könnte dann beispielsweise lauten »Verletze nicht die körperliche Integrität deines Mitmenschen«, so dass das Problem mit der Sportlerin gelöst wäre. Man kann so auch noch weitere Handlungsweisen verbieten, die im einfachen Utilitarismus nicht per se verboten sind, sondern nur, wenn sie schlechte Folgen haben: »Halte deine Versprechen!«, »Lüge nicht!«, »Stehle nicht!« und so weiter. Und es ist ja nicht unplausibel, dass die Befolgung eines solchen Regelsystems größeren Nutzen bringt als die Befolgung anderer Regelsysteme.

L. Das ist schon schön. Aber was passiert, wenn in einer bestimmten Situation die Regel das eine sagt, aber tatsächlich in dem Einzelfall der Nutzen durch etwas anderes maximiert wird?

Ph. Dann hat der Regelutilitarist eben gerade ein Problem, wenn er ein reiner Utilitarist ist, also wenn er der Ansicht ist, dass es letztlich nur auf die Nutzenmaximierung ankommt. Er kann dann nämlich wirklich schwer verständlich machen, warum man im Einzelfall einer Regel folgen soll, deren Befolgung in diesem Einzelfall den Nutzen gar nicht maximiert.

L. Kann man das Problem nicht umgehen, indem man für solche Fälle einfach die Regeln genauer fasst? Also nicht »Stehle nicht!«, sondern »Stehle nicht, es sei denn …«.

Ph. So könnte man tatsächlich erzwingen, dass sich der Regelutilitarismus wieder in allen Handlungsvorschriften mit dem einfachen Utilitarismus deckt. Aber der entscheidende Punkt war ja gar nicht die Handlungsempfehlung selbst, sondern deren Begründung. Und da stellt der Regelutilitarismus nur dann eine Verbesserung gegenüber dem einfachen Utilitarismus dar, wenn er gerade *nicht* nur auf die Nutzenmaximierung verweist.

L. Sondern auf die Würde des Menschen und die Rechte, die sich daraus ergeben. Ich verstehe.

Vierte Gesprächsnotiz

Der Utilitarismus wird, wie es scheint, Gerechtigkeitsüberlegungen nicht gerecht. Darüber hinaus lässt er Rechte unberücksichtigt: Nicht nur ist es fraglich, ob man vom Handelnden beliebige Opfer verlangen kann, wenn es um die Nutzenmaximierung geht. Problematisch ist vor allem die Vorstellung, dass man den von der Handlung Betroffenen beliebige Opfer zumuten kann, wenn es der Nutzenmaximierung dient. Tatsächlich scheint es Ansprüche von Menschen zu geben, die unabhängig vom Nutzen beachtet werden müssen: unbedingte Rechte, die sich aus der Würde der Person ergeben. Ob solche in einem Regelutilitarismus – der davon ausgeht, dass es stets richtig ist, den Regeln zu folgen, deren allgemeine Befolgung den Nutzen maximiert – angemessen berücksichtigt werden können, hängt von seiner Begründung ab.

Moral aus Freiheit

L. Ich ahne schon, wo der dritte Versuch zur Klärung der Moral ansetzt: bei der Würde des Menschen und den Rechten, die sich daraus ergeben. Stimmt's?

Ph. Genau. Zuerst sind wir vom reinen Eigennutz ausgegangen, dann von einem nichtegoistischen Hedonismus. Jetzt probieren wir es mit dem Recht auf Selbstbestimmung. Dazu würde ich Ihnen gerne wieder ein kleines Beispiel vorlegen, das auf Philippa Foot zurückgeht.

L. Ich fange schon an, Ihre seltsamen Beispiele zu mögen …

Ph. Stellen Sie sich vor, ein Mann steht an einer Weiche. Er sieht, dass fünf Kinder auf dem Gleis spielen, auf das die Weiche einen heranrasenden Zug lenkt. Er könnte die Weiche noch schnell auf ein anderes Gleis umstellen, auf dem nur ein Kind spielt. Was soll er tun?

L. Er soll selbstverständlich schnell die Weiche umstellen.

Ph. Das sagen die meisten. Die spannende Frage ist: Was ist eigentlich der Unterschied zwischen diesem Beispiel und dem Beispiel mit der Sportlerin? In beiden Fällen muss doch einer sterben, damit fünf am Leben bleiben. In beiden Fällen sieht es zunächst schlecht für fünf und gut für einen aus. In beiden Fällen muss jemand aktiv werden, um das Ruder herumzureißen. Warum halten wir die Tat des Arztes dann für verwerflich, die Tat desjenigen, der die Weiche umstellt, für erlaubt, wenn nicht sogar für geboten?

L. Gute Frage.

Ph. Und es ist tatsächlich nicht leicht, eine Antwort zu finden. Einen wichtigen Unterschied gibt es aber immerhin: Man kann nämlich sagen, dass man die Sportlerin als Mittel missbraucht, während das Kind auf dem Ausweichgleis einfach nur Pech hat.

L. Weil man durch das Umlegen der Weiche die fünf Kinder retten könnte, auch wenn auf dem anderen Gleis kein Kind spielen würde, während man ohne die Sportlerin keinen der fünf anderen Patients retten könnte?

Ph. So ist es. Man verwendet das eine Kind nicht zur Rettung der fünf Kinder, während man die Sportlerin zur Rettung der anderen Patienten verwendet. Nach Kants Ansicht würde genau das dem grundlegenden Gebot der Moral widersprechen. In einer Variante sagt sein berühmter kategorischer Imperativ nämlich gerade, dass man niemals jemanden nur als Mittel gebrauchen darf, sondern immer auch als Zweck an sich behandeln muss.

L. Leuchtet irgendwie ein. Aber andererseits: Verwenden wir uns nicht ständig gegenseitig als Mittel? Wenn ich zur Bäckerin gehe und ein Brot kaufe, dann verwende ich die Bäckerin doch einfach als Mittel zur Brotbeschaffung.

Ph. Deshalb heißt es auch, man darf niemals jemanden *nur* als Mittel verwenden.

L. Aber ich verwende die Bäckerin doch *nur* als Mittel.

Ph. Nein, Sie achten sie – hoffentlich – auch als Zweck an sich. Und das zeigt sich daran, dass Sie die Bäckerin nicht *gegen ihren Willen* als Mittel verwenden.

L. Dann ist der entscheidende Unterschied zwischen der Bäckerin und der Sportlerin also der, dass zwar die Bäckerin, nicht aber die Sportlerin damit einverstanden ist, als Mittel verwendet zu werden?

Ph. So könnte man das schon sagen. Die Autonomie, das Recht zur Selbstbestimmung, wird im einen Fall geachtet, im anderen nicht.

L. Und auf diesem Recht wollen Sie jetzt die Moral aufbauen? Wie geht das?

Ph. Wenn jeder grundsätzlich über sich selbst bestimmen darf, dann darf man andere eben auch nur so behandeln, dass diese Selbstbestimmung gewahrt bleibt. Man muss sie also fragen, wenn man irgendetwas mit ihnen anstellen will.

L. Sie meinen, so ähnlich wie bei der Begründung der Moral durch Eigennutz: Man einigt sich darauf, zu kooperieren?

Ph. Ein bisschen anders. Dort hatten wir nur ein Interesse daran, uns mit denen zu einigen, die uns irgendwie nützlich oder gefährlich werden können. Und da werden, wie Sie sich erinnern, viele gar nicht berücksichtigt.

L. Kinder, Alte, Kranke, all die, mit denen ich, eigennützig betrachtet, keinen Grund habe, zu kooperieren, weil sie mir weder schaden noch nützen können.

Ph. Wenn es dagegen darum geht, das Selbstbestimmungsrecht meiner Mitmenschen zu achten, dann muss ich alle fragen und sozusagen mit allen einen Vertrag schließen. Der basiert dann nicht auf dem Eigennutz, sondern auf der Freiheit aller.

L. Ich soll mich also moralisch richtig verhalten, weil wir einen entsprechenden Vertrag miteinander geschlossen haben? Das kann nicht sein: Mich hat jedenfalls noch niemand gefragt, ob ich mit der herrschenden Moral einverstanden bin!

Ph. Da haben Sie recht. Es ist tatsächlich kaum möglich, die Moral auf einen tatsächlichen Vertrag zurückzuführen. Man könnte sich allerdings immerhin vorstellen, dass *unsere Vorfahren* einmal zusammengekommen sind, um einen Gesellschaftsvertrag auszuarbeiten, und dass sie dem dann zugestimmt haben.

L. Das haben sie doch sicher nicht getan: Wann und wo soll das stattgefunden haben? Zudem wäre der Vertrag für mich nicht bindend, solange ich nicht explizit zugestimmt habe. Es können nicht andere für mich einen Vertrag schließen.

Ph. Vielleicht kann man sagen, dass Sie implizit zugestimmt haben, indem Sie nicht aus der Gesellschaft austreten, aber auch, indem Sie politische Rechte wahrnehmen und indem Sie die Vorteile in Anspruch nehmen, die der Staat Ihnen bietet, wie Sicherheit, Infrastruktur und so weiter.

L. Also ich weiß nicht. Auch bei einer impliziten Zustimmung müsste es doch zumindest eine Wahlmöglichkeit geben. Und die hat man ja nicht. Ich meine: Wohin soll ich denn gehen, wenn es mir hier nicht passt?

Ph. Da haben Sie recht. David Hume hat das in einem schönen Bild ausgedrückt: Wenn man sagt, dass die Staatsbürger der politischen Autorität implizit zustimmen, dann ist das so, also würde man sagen, ein Mensch, der bei Nacht und Nebel auf ein Schiff verschleppt wurde und sich jetzt auf hoher See befindet, stimme implizit zu, Seemann zu sein, weil er dableibe. Weder ist er freiwillig gekommen, noch hat er wirklich die Wahl, dazubleiben oder nicht. Genau wie wir in Bezug auf unser Heimatland.

L. Man muss allerdings fairerweise sagen, dass ich die meisten moralischen Forderungen tatsächlich anerkennen würde.

Ph. Das ist die Idee eines hypothetischen Vertrags. Man sagt, moralische Regeln seien bindend, weil alle zustimmen würden, wenn man sie fragen würde.

L. Aber würden tatsächlich *alle* zustimmen?

Ph. Das hängt offensichtlich davon ab, ob alle gute Menschen sind oder nicht.

L. Dann ist aber doch die Idee des hypothetischen Vertrags nicht allzu viel wert, oder?

Ph. Es gibt jedenfalls das geflügelte Wort, dass hypothetische

Verträge das Papier nicht wert sind, auf dem sie nicht geschrieben stehen.

L. Könnte man nicht sagen, dass die Moral auf einem Vertrag beruht, dem alle zustimmen würden, wenn sie vernünftig wären?

Ph. Das ist tatsächlich eine sehr wichtige Idee. Aber ich fürchte, dass wir damit die Begründung der Moral aus freier Übereinkunft ganz über Bord gehen lassen. Es kommt dann gar nicht mehr darauf an, ob jemand einer moralischen Norm tatsächlich zustimmt (explizit oder implizit oder hypothetisch), sondern ob er zustimmen *sollte*. Die Moral wäre dann einfach das, was die Vernunft gebietet. Und die Frage wäre dann gerade wieder, *was* die Vernunft gebietet. Wenn man nicht freie Selbstbestimmung einfach mit vernünftiger Selbstbestimmung gleichsetzt, hätte diese Begründung der Moral mit Freiheit eigentlich nichts mehr zu tun.

L. Trotzdem. Die Idee, dass die Moral so sein muss, dass alle vernünftigen Menschen zustimmen können, ist doch irgendwie einleuchtend.

Ph. Ja. Vielleicht hilft es hier, noch eine andere Version des kategorischen Imperativs von Kant ins Spiel zu bringen: »Handle nur nach derjenigen Maxime, durch die du zugleich auch wollen kannst, dass sie ein allgemeines Gesetz werde.«

L. Und eine Maxime ist der Grundsatz, nach dem man handelt?

Ph. Genau. Der Imperativ fordert also, dass man nur nach Grundsätzen handeln sollte, die universalisierbar sind.

L. Also einfach gesagt: Man soll sich überlegen, was wäre, wenn alle so handeln würden wie man selbst.

Ph. So ungefähr. Wichtig ist jedenfalls, dass man sich auch überlegt, wie man die eigene Handlung aus der Sicht desjenigen beurteilen würde, der von der Handlung betroffen ist.

Wenn man die Handlung vor dem Betroffenen nicht rechtfertigen könnte, ist etwas nicht in Ordnung damit.

L. Zeit für eine Notiz!

Fünfte Gesprächsnotiz

*Das Recht auf Selbstbestimmung garantiert, dass niemand gegen seinen Willen von anderen nur als Mittel zum Zweck verwendet werden darf. Wir müssen so miteinander umgehen, dass wir unsere Mitmenschen als autonome Wesen achten. Zunächst würde man denken, dass folglich die explizite Zustimmung aller zu allgemeinen Verhaltensregeln eingeholt werden müsste. Das kann aber nicht die Grundlage der Moral sein, da eine solche Zustimmung nie erfolgt ist. Reicht eine implizite Zustimmung, und gibt es eine solche? Oder muss man auf die hypothetische Zustimmung des vernünftigen Menschen verweisen? In diesem Fall wäre allerdings nicht mehr die **freie** Zustimmung für die Moral entscheidend, sondern die **vernünftige** Zustimmung. Die Frage, **was** die Moral gebietet, wäre damit zunächst wieder offen. Dennoch kann es bei der moralischen Bewertung einer Handlung helfen, sich zu überlegen, ob der Handlungsgrundsatz universalisierbar ist, ob also insbesondere der von der Handlung Betroffene mit der Handlung einverstanden sein sollte.*

Begründung oder Klärung der Moral?

L. Ich muss zugeben, dass ich jetzt doch ein wenig verwirrt bin. Wir haben drei Ansätze zur Begründung der Moral besprochen, aber irgendwie hat doch keiner so richtig funktioniert. Jetzt kenne ich mich, ehrlich gesagt, gar nicht mehr aus.

Ph. Dieses »ich kenne mich nicht aus« ist nach Ludwig Wittgenstein gerade typisch für philosophische Probleme. Und Platon hat gesagt, die Philosophie beginne mit dem Staunen.

L. Ich habe eher die Befürchtung, dass sie mit dem Staunen endet.

Ph. Da ist auch etwas dran. Aber Sie dürfen natürlich nicht zu viel auf einmal erwarten. Es gibt Menschen, die ihr Leben lang über die Grundlagen der Moral nachdenken. Und je länger und gründlicher man darüber nachdenkt, desto besser versteht man die ganzen Zusammenhänge auch.

L. Darauf kann ich aber nicht warten, wenn ich meine nächste wichtige Entscheidung zu treffen habe oder wenn ich Verbrechern erklären will, warum sie sich besser anständig aufführen sollten.

Ph. Dafür ist die Philosophie aber auch nicht da. Erstens ist es ja so, dass sehr viele falsche Handlungen die Folge von Willensschwäche oder Selbsttäuschung sind, nicht von fehlender Einsicht. Dagegen hilft keine Philosophie, sondern nur Erziehung. Und zweitens geht es, wenn man über die Grundlagen der Moral diskutiert, gar nicht darum, denjenigen, die falsche moralische Vorstellungen haben, zu erklären, wie es richtig wäre – oder Bösewichte durch Argumente zu besseren Menschen zu machen.

L. Sondern denjenigen, die richtige moralische Vorstellungen haben, zu erklären, warum ihre Vorstellungen richtig sind?

Ph. Hauptsächlich schon. Denken Sie noch einmal an unseren Vergleich von gestern mit der Grammatiklehrerin und demjenigen, der rechtschreiben kann. Wenn man die Struktur der Sprache, die man schon beherrscht, verstehen möchte, wendet man sich an den Grammatiker. Und wenn man die Grundlagen der moralischen Vorstellungen, die man hat, verstehen möchte, wendet man sich an den Moralphilosophen.

L. Gestern hatten wir aber auch gesagt, dass es beim Rechtschreiben hilft, wenn man die Grammatik besser versteht. Es sollte der Moralphilosophie deshalb schon auch darum gehen, uns beim richtigen Handeln zu helfen.

Ph. Da haben Sie recht, und ich wollte das auch gar nicht ausschließen. Vor allem die angewandte Ethik beschäftigt sich mit problematischen Handlungssituationen. Aber gerade wenn es um die Grundlagen der Moral geht, spielen Handlungsempfehlungen keine so große Rolle. Da geht es eher darum, fundamentale Zusammenhänge aufzudecken und damit letztlich unser Selbstverständnis als Handelnde zu fördern.

L. Deshalb waren Ihnen immer die Unterschiede in der Begründung so wichtig, auch wenn die Handlungsempfehlung die gleiche war?

Ph. Ja. Und deshalb haben wir immer Beispiele verwendet, bei denen möglichst weitgehende Einigkeit darüber herrscht, was zu tun ist und warum.

L. Mir ist jedenfalls aufgefallen, dass unsere Beispiele nicht gerade besonders lebensnah waren. Wann ist man schon einmal in so einer Situation wie der Mann an der Weiche?

Ph. An lebensnahen Beispielen kann man unsere grundlegenden moralischen Überzeugungen meistens nicht so gut ablesen, weil diese Beispiele in der Regel zu kompliziert sind. Das ist wie bei den Beispielsätzen in der Grammatik. Ein guter Beispielsatz ist einer, der möglichst nur das klarmacht, worauf es einem gerade ankommt. Genauso ist ein gutes philosophisches Beispiel ein Beispiel, das genau den und nur den Aspekt deutlich vor Augen führt, den man ans Licht bringen oder klären möchte.

L. Aber letztlich muss man dazu kommen, reale Fälle besser zu verstehen, oder? Ich meine: Die Grammatikerin möchte letztlich auch *jeden* Satz vollständig analysieren können.

Ph. Das stimmt. Aber ich denke, diesbezüglich sind wir doch schon etwas weitergekommen. Wir haben jetzt immerhin vor Augen, dass wir bei realen moralischen Entscheidungen auf bestimmte Dinge achten sollten: Inwiefern tragen die verschiedenen Handlungsalternativen zu meinem (hedonistisch verstandenen) Eigennutz bei, inwiefern zu meinem Wohl überhaupt? Wie verhalten sie sich zur Gesamtnutzenmaximierung? Welche Rechte von mir selbst und anderen sind gegebenenfalls involviert? Ich glaube, dass man all diese Aspekte berücksichtigen muss und dass es keinen gibt, auf den sich die anderen einfach reduzieren lassen – obwohl das Moralphilosophen immer wieder versuchen.

L. Das leuchtet schon ein. Aber wie sich die verschiedenen Aspekte zueinander verhalten, ist mir noch ziemlich unklar.

Ph. Moralphilosophen bemühen sich gerade darum, hier eine übersichtliche Ordnung zu finden. Aber es stimmt schon: Am Ende muss man wohl immer im Einzelfall abwägen, welche Aspekte am wichtigsten sind, ohne eine allgemeine Regel dafür zu haben.

L. Bleibt das dann nicht immer ungenau?

Ph. Vielleicht. Aber da kann man es mit Aristoteles halten: Jede Sache lässt sich nur mit dem ihr eigenen Maß an Genauigkeit aufklären. Und es zeichnet den gebildeten Menschen aus, dass er weiß, welche Sache welches Maß an Genauigkeit verlangt.

Der Moralphilosophie geht es darum, die Grundlagen der Moral offenzulegen. Damit hilft sie auch, unsere praktischen Entscheidungen anzuleiten (insbesondere in der angewandten Ethik). Vor allem trägt sie jedoch zu unserem Selbstverständnis bei, indem sie Aspekte deutlich macht, die beim richtigen Handeln zu berücksichtigen sind, und diese in eine übersichtliche Ordnung bringt. Eine Abwägung im Einzelfall lässt sich dadurch nicht vermeiden.

Gerechtigkeit

Ph. Haben Sie Lust, heute noch eine kleine Überstunde zu machen?

L. Warum nicht? Wir sind ja gerade gut in Schwung.

Ph. Es geht in der Moralphilosophie nämlich nicht nur um das richtige Handeln des einzelnen, also um das, was man »Individualethik« nennt. Ein Teil der praktischen Philosophie beschäftigt sich auch mit Fragen der »Institutionenethik«, wie: Was ist ein gerechtes Gemeinwesen? Welche Rolle sollte die Freiheit des Einzelnen in einer Gemeinschaft spielen? Lässt sich staatliche Autorität moralisch begründen (und wenn ja, wie: mit dem Verweis auf den Eigennutz, utilitaristisch, mit Verweis auf elementare Rechte)? Welches ist die beste Staatsform (und warum)?

L. Eine moralische Begründung der Politik sozusagen?

Ph. Sagen wir vielleicht lieber: Ein Versuch, die moralischen Grundlagen der Politik zu klären. Auch hier möchte man natürlich die entsprechenden Einsichten manchmal in praktische Empfehlungen umsetzen.

L. Das wundert mich nicht. Unsere politischen Parteien sind

sich zwar vermutlich einig darüber, dass es, moralisch gesehen, überhaupt wichtig ist, einen Staat zu haben. Und die
Demokratie ist glücklicherweise bei uns nicht umstritten.
Aber gerade an der Frage nach der richtigen Auffassung von
Gerechtigkeit und Freiheit scheiden sich die politischen Geis-
ter. Darüber würde ich gerne noch ein bisschen mit Ihnen
sprechen.

Ph. Fangen wir doch einmal mit der Frage nach einer gerechten Gesellschaft an. Der wichtigste zeitgenössische Ansatz
dazu ist die Gerechtigkeitstheorie des amerikanischen Philosophen John Rawls.

L. Und was sagt der?

Ph. Seine Theorie der Gerechtigkeit ist ziemlich komplex,
aber es gibt eine einfache Grundidee. Haben Sie Geschwister?

L. Warum fragen Sie?

Ph. Wenn Sie Geschwister haben, kennen Sie das folgende
Verteilungsproblem. Es gibt ein Stück Kuchen, das gerecht in
zwei Teile geteilt werden soll. Was, denken Sie, ist das beste
Verfahren?

L. Ganz einfach: Einer teilt, einer sucht aus.

Ph. Und warum ist das gerecht?

L. Weil der, der teilt, sich bemühen wird, genau in der Mitte
zu teilen. Sonst würde sich der andere das größere Stück
nehmen!

Ph. Genau. Wenn man sich das Stück nicht aussuchen kann,
wird man sich bemühen, *jedes* Stück so zu machen, dass man
selbst auch damit zufrieden wäre. Eine ähnliche Grundidee
verwendet Rawls im Hinblick auf die Verteilung von Gütern
in einer Gemeinschaft.

L. Ich soll mir also vorstellen, ich wüsste nicht, welches Ku-
chenstück ich bekomme. Was heißt das in Bezug auf eine
Gesellschaft?

Ph. Im Wesentlichen müssen Sie sich vorstellen, Sie wüssten nicht, wer Sie sind. Sie müssen so tun, als wüssten Sie nicht, ob Sie gesund oder krank, schlau oder dumm, schön oder hässlich sind, aus welchem Elternhaus Sie kommen, wie viel Glück oder Pech Sie im Leben haben – eben alles, was Sie als Individuum ausmacht. Sie sollen sich, wie Rawls das nennt, hinter einen »Schleier des Nichtwissens« begeben.

L. Und hinter diesem Schleier des Nichtwissens soll ich dann bestimmen, wie der Kuchen verteilt wird. Also das heißt dann wohl: wer in der Gesellschaft was bekommt.

Ph. Ja, Sie sind dann nämlich unparteiisch und werden so verteilen, dass Sie später zufrieden sind (oder jedenfalls sein sollten), egal, welches Los Ihnen tatsächlich zufällt. Anders gesagt: Sie werden gerecht verteilen.

L. Was gibt es eigentlich genau zu verteilen?

Ph. Materielle Güter natürlich. Aber auch Rechte und Pflichten. Rawls glaubt zum Beispiel, dass wir zuerst einmal jedem Gesellschaftsmitglied möglichst umfangreiche Grundfreiheiten einräumen würden, nur eingeschränkt dadurch, dass *alle* diese Grundfreiheiten im gleichen Maß haben, so dass also die Freiheit des einen nur durch die Freiheit der anderen begrenzt ist: das Recht auf körperliche Unversehrtheit, auf freie Meinungsäußerung, auf Religionsfreiheit, auf freie Berufswahl und so weiter. Das entspricht in etwa den Menschenrechten.

L. Das leuchtet ein. Die Menschenrechte würde ich haben wollen, egal wer ich bin. Aber wie sieht es mit der Verteilung von materiellen Gütern aus?

Ph. Im Prinzip auch erst einmal allen das Gleiche. Aber es darf nach Rawls Ungleichheiten geben, wenn zwei Bedingungen erfüllt sind: Die Ungleichheiten müssen mit Ämtern und Positionen verbunden sein, die zu bekommen alle eine gleiche und faire Chance haben. Und sie müssen so sein, dass sie auch dem am wenigsten Begünstigten den größtmöglichen Vorteil bringen. Das nennt man das »Differenzprinzip«.

L. Ah, den Gedanken kenne ich aus der Politik. Keine Steuern für die Reichen, damit die Wirtschaft so toll wächst, dass es auch den Bettlern besser geht, als wenn alle einfach dasselbe bekommen.

Ph. Im Prinzip schon. Aber für Rawls ist schon eher der Gleichheitsgedanke zentral. Das ist eine sehr starke Bedingung, wenn man verlangt, dass Ungleichheiten wirklich auch dem am schlechtesten Gestellten den größtmöglichen Vorteil bringen müssen.

L. Wenn ich es mir so überlege, läuft das aber doch anders als beim Kuchenverteilen. Da kann ich ja fest davon ausgehen, dass ich das schlechteste Stück bekommen werde, weil der andere aussuchen darf, wenn ich verteilt habe. So, wie Sie es beschrieben haben, ist aber doch hier die Idee eher, dass man einfach nicht weiß, welches Stück man bekommen wird.

Ph. Da sprechen Sie einen wichtigen Unterschied zu dem einfachen Teilungsmodell an. Manche bestreiten auch wirklich, dass man hinter dem Schleier des Nichtwissens die Verteilung wählen würde, die Rawls annimmt. Man könnte sich leicht Alternativen vorstellen, zum Beispiel, dass man jedem zur Existenzsicherung ein Minimum an Gütern zubilligt und ansonsten ungleich verteilt.

L. Dann hätte man zwar das Risiko, eine Position zu bekommen, die schlechter ist als die der anderen, aber auch die Chance, eine zu bekommen, die besser ist. Hört sich doch ganz attraktiv an. Der Gedanke, dass zuerst einmal jeder das Gleiche bekommen soll, ist mir sowieso ziemlich suspekt. Schließlich sind wir doch alle ungleich.

Ph. Moralisch betrachtet sind wir gleich. Kein Mensch ist per se mehr wert als ein anderer.

L. Selbst da bin ich mir gar nicht so sicher. Ist denn ein Kinderschänder ebenso viel wert wie Mutter Teresa?

Ph. In gewisser Weise schon. Oder würden Sie sagen, dass der Kinderschänder nicht die gleichen Menschenrechte haben sollte wie jeder andere?

L. Na gut. Ich habe ja bereits zugestimmt, dass alle die gleichen grundlegenden Menschenrechte haben sollten. Aber die gleichen materiellen Güter? Das ist doch nicht gerecht!

Ph. Meinen Sie deshalb, weil verschiedene Personen unterschiedliche Bedürfnisse haben? Wenn ein Gehbehinderter zum Beispiel die gleiche Mobilität erreichen möchte wie ein nicht Gehbehinderter, dann muss er viel mehr Geld dafür einsetzen.

L. Es stimmt natürlich, dass die Bedürfnisse verschieden sind und nicht jedem mit den gleichen Mitteln gleich gedient ist. Ich hatte aber eigentlich etwas ganz anderes im Sinn: Wenn jeder das Gleiche bekommt, ist das ungerecht, weil nicht jeder das Gleiche verdient. Ich meine, der eine strengt sich an, der andere lungert faul herum!

Ph. Verdienst spielt in dem Rawls'schen Modell tatsächlich keine große Rolle. Aber es ist auch wirklich nicht klar, ob Verdienst für die gerechte Gesellschaft eine große Rolle spielen sollte.

L. Wieso denn das?

Ph. Sie würden doch sicher zustimmen, dass etwas, für das man nichts kann, kein Verdienst ist?

L. Ja, das sehe ich auch so.

Ph. Aber dann ist eben die Frage, wofür man im Endeffekt überhaupt etwas kann. Können Sie etwas dafür, dass Sie gesund sind oder krank?

78

L. Nein, natürlich nicht. Es sei denn, ich setze mich freiwillig bestimmten Risiken aus.

Ph. Und können Sie etwas dafür, dass Sie schön sind oder hässlich?

L. Nein, dafür kann ich nichts, obwohl ich mich natürlich mehr oder minder gepflegt präsentieren kann.

Ph. Und können Sie etwas dafür, dass Sie intelligent sind oder dumm?

L. Nein, dafür kann ich wohl nichts. Das ist Sache der Gene.

Ph. Und vielleicht der Erziehung. Aber für die können Sie ja auch nichts, wie Sie überhaupt für Ihr Elternhaus und die Vor- und Nachteile, die damit verbunden sind, nichts können.

L. Ich sehe schon, worauf Sie hinauswollen: Wenn man nach und nach alle Faktoren durchgeht, die für den Erfolg eines Menschen in der Gesellschaft relevant sind, stellt man fest, dass man für diese Faktoren nicht selbst verantwortlich ist. Aber wie sieht es damit aus, dass ich mich anstrenge oder nicht? Für meine Anstrengung könnte ich doch Belohnung erwarten.

Ph. Sofern das wirklich etwas ist, wofür Sie verantwortlich sind. Immerhin werden auch da die Anlagen und die Erziehung nicht irrelevant sein.

L. Na schön. Aber etwas Freiraum wird schon bleiben.

Ph. Es gibt, wie Sie wissen, sogar eine Diskussion darüber, ob wir überhaupt einen freien Willen haben. Wir werden darauf in den nächsten Tagen sicher noch zu sprechen kommen. Aber für jetzt können wir doch festhalten: Wenn einem erst einmal klar ist, wie wenig ich mir selbst zurechnen kann, dann sieht man, dass an der Gleichverteilung kaum Korrekturen aufgrund unserer Verdienste vorgenommen werden müssten, oder? Insofern hat der Egalitarist doch recht.

79

L. Und Sie sind ein überzeugter »Egalitarist« und wollen sagen, dass wir für gar nichts selber die Verantwortung tragen?

Ph. Nein, will ich nicht. Aber ich will sagen, dass es ziemlich schwierig ist, zu bestimmen, was man einem Menschen als seine Verdienste zurechnen und was man auf die Umstände schieben muss. Bei uns selbst neigen wir dazu, Erfolge uns selbst, Misserfolge den Umständen zuzuschreiben.

L. Und bei den anderen machen wir es gerne umgekehrt. Stimmt schon.

Siebte Gesprächsnotiz

Die Moralphilosophie stellt nicht nur die Frage nach der richtigen Handlung des Einzelnen, sondern auch die nach den moralischen Grundlagen der Politik. Eine zentrale Rolle spielt dabei die Frage, wann eine Gesellschaft gerecht ist. Mit dem Gedankenexperiment eines Schleiers des Nichtwissens kommt man Rawls zufolge zu zwei Gerechtigkeitsprinzipien – dem Prinzip der Gleichverteilung der grundlegenden Freiheiten und Rechte und dem eingeschränkten Differenzprinzip. Unterschiedliche Bedürfnisse und Verdienste spielen dabei zunächst keine Rolle, was im Hinblick auf Verdienste vielleicht sogar angemessen ist.

Freiheit

Ph. Man kann die Frage nach Gerechtigkeit schwer davon trennen, was man für ein Menschenbild hat. Je mehr man dem Einzelnen als Verdienst zurechnet, desto weniger wird man mit der Gleichverteilung einverstanden sein. Und dann scheint sich die Gleichverteilung ja auch mit dem Wert der Freiheit schlecht zu vertragen.

L. Wieso das?

Ph. Wenn man die Leute frei agieren lässt, ergeben sich nach kurzer Zeit viele und große Ungleichheiten.

L. Weil die einen geschickt sind, die anderen ungeschickt?

Ph. Ja. Und das müsste man dann immer wieder ausgleichen, um die Gleichverteilung von Gütern aufrechtzuerhalten, durch Besteuerung zum Beispiel. Das betrachten sogenannte »Libertarier«, wie Robert Nozick, aber gerade als ungerecht, weil es einen Eingriff in die Freiheit bedeutet.

L. Was für eine Verteilung wäre dann für so jemanden gerecht?

Ph. Da hätte Gerechtigkeit gar nichts mit der Verteilung zu tun, sondern mit Transaktionen. Nehmen wir an, wir starten mit irgendeiner gerechten Verteilung von Gütern. Wie man dazu kommt, ist nicht so leicht zu sagen, weil man dazu die Frage nach der legitimen Erstaneignung von Eigentum beantworten muss. Aber sagen wir einfach einmal, wir starten mit einer Gleichverteilung. Die Frage ist dann, auf welche Weise die Güter im Lauf der Zeit umverteilt werden. Wenn dabei alles fair verläuft, sollte auch die Verteilung, die dabei herauskommt, gerecht sein – egal, wie ungleich sie letztlich ist.

L. Also nach dem Motto: Fairer Anfang plus faire Umverteilung ergibt einen fairen Endzustand. Was wäre denn eine faire Umverteilung?

Ph. Wenn die Leute miteinander Handel treiben oder sich etwas schenken. Und ungerecht wäre es, wenn sie einander bestehlen würden.

L. Ich verstehe. Das ist die Sache mit dem Nachtwächterstaat, nicht? Der Staat muss im Prinzip nur darauf achten, dass keine Verbrechen begangen werden. Ansonsten lässt er die Leute machen, wie sie wollen.

Ph. Genau. Im egalitaristischen Staat muss sich der Staat dagegen zusätzlich darum kümmern, dass ständig umverteilt wird, um die Ungleichheit rückgängig zu machen, welche sich durch die Handlungen der Leute ergibt.

L. Das sind wirklich zwei ziemlich verschiedene Modelle. Ich habe ein bisschen den Eindruck, als sei im einen letztlich Freiheit wichtiger als Gerechtigkeit, im anderen Gerechtigkeit wichtiger als Freiheit.

Ph. Wie man es nimmt. Der Libertarier will ja gerade sagen, eine Güterverteilung sei *gerecht*, wenn sie durch nicht erzwungenen Austausch von Gütern zwischen freien Akteuren zustande kommt. Deshalb geht es bei ihm nicht nur freier, sondern auch gerechter zu.

L. Und was sagt der Egalitarist?

Ph. Er kann sagen, dass es in seiner Gesellschaft nicht nur gerechter, sondern auch freier zugeht!

L. Wie geht denn das?

Ph. Es hängt eben davon ab, was man unter Freiheit versteht. Der eine geht davon aus, dass meine Freiheit im Wesentlichen darin besteht, dass mich die anderen in Ruhe lassen. Der andere geht beispielsweise davon aus, dass Freiheit darin besteht, dass es Handlungsmöglichkeiten gibt, zwischen denen ich wählen kann.

L. Ach so, und wenn die Güter gleich verteilt sind, haben mehr Menschen mehr Handlungsmöglichkeiten, also gibt es mehr Freiheit?

Ph. So könnte man sagen. Oder frei nach Marx: Wenn man nichts hat, kann man sich nur aussuchen, unter welcher Brücke man verreckt. Das ist keine Freiheit.

L. Da ist natürlich etwas dran.

Ph. An allen philosophischen Ideen, die ernsthaft vertreten werden, ist etwas dran, sogar an der Idee, dass Zwang Freiheit bedeuten kann.

L. Sie wollen mich hochnehmen.

Ph. Nein, überhaupt nicht. Rauchen Sie?

L. Nein. Ist viel zu ungesund. Warum fragen Sie?

Ph. Stellen Sie sich vor, ein Freund von Ihnen versucht, sich das Rauchen abzugewöhnen, weil er, wie Sie, davon überzeugt ist, dass die besten Gründe dagegen sprechen. Jetzt sehen Sie, wie er gerade nach einer Zigarette greift, weil er der Versuchung nicht widerstehen kann. Was tun Sie?

L. Ihn ermahnen vielleicht? Die Zigaretten wegnehmen?

Ph. Und würden Sie sagen, dass Sie dadurch seine Freiheit beschränken oder vergrößern?

L. Naja, ich helfe ihm, das zu tun, was er wirklich will. Wenn er allen Ernstes weiterrauchen wollte, würde ich ihn dagegen in Ruhe lassen.

Ph. Da haben Sie es schon. Zwang kann die Freiheit vergrößern, weil wir nicht immer das tun, was wir eigentlich tun wollen. Unser »eigentliches Selbst« kann durch äußeren Zwang gerade befreit werden. Aber jetzt treiben wir die Sache einmal auf die Spitze: Meinen Sie, dass man immer weiß, was man wirklich will?

L. Nicht unbedingt. Manchmal ist man unentschieden und manchmal gesteht man sich nicht ein, was man wirklich will.

Ph. Im zweiten Fall kann es dann aber doch sein, dass jemand anderer, ein guter Freund zum Beispiel, besser als man selbst weiß, was man eigentlich will, oder?

L. Ja, ist schon denkbar.

Ph. Und wenn der mich dann dazu zwingt, das zu tun, was ich eigentlich will, erweitert er doch meine Freiheit, obwohl es sich für mich gar nicht unbedingt so anfühlt, weil ich selbst gar nicht deutlich vor Augen habe, was ich will?

L. Da gehe ich nicht mit. Das ist wie bei den Männern, die sagen »Du willst es doch auch!«, und schon haben wir eine Vergewaltigung! Das hat mit Freiheit nichts zu tun.

Ph. Nein, das ist vielmehr sehr gefährlich. Nehmen Sie totalitäre Systeme. Da sagt vielleicht das Staatsoberhaupt, dass es am besten weiß, was die Menschen eigentlich wollen oder wenigstens wollen sollten. Und dann heißt es, man vergrößere die Freiheit der Menschen, weil man sie zu dem zwingt, was sie angeblich eigentlich wollen oder wollen sollten.

L. Das ist zynisch!

Ph. Allerdings. Und trotzdem ist an der Idee, dass Freiheit etwas anderes ist als nur In-Ruhe-gelassen-Werden, etwas dran. Denken Sie zum Beispiel an die Schulpflicht. Eine Rechtfertigung für diese ist doch, dass man den Kindern die Mittel an die Hand geben möchte, ein informierteres und *damit* letztlich ein freieres Leben führen zu können. Wir meinen offenbar, dass Freiheit durchaus etwas mit informierter Überlegung und richtiger Wahl zu tun hat.

L. Irgendwie schon. Und was schließen wir jetzt daraus?

Ph. Wir schließen daraus, dass sowohl »Gerechtigkeit« als auch »Freiheit« sehr komplexe Begriffe sind, die tatsächlich verschiedene Aspekte aufweisen, von denen wir längst noch nicht alle angesprochen haben. Wenn man über die richtige Gesellschaftsordnung nachdenkt, sollte man sich diese Aspekte klarmachen.

L. Das leuchtet mir ein. Aber was soll ich tun, wenn ich mir die Aspekte vor Augen geführt habe? Wir wollen doch herausfinden, wie eine gerechte und freie Gesellschaft aussehen soll.

Ph. Das ist wie immer in der Moralphilosophie. Wenn ich die verschiedenen Gesichtspunkte berücksichtigt habe, muss ich natürlich trotzdem noch abwägen, was wie wichtig ist. Ist es wichtiger, dass niemand in mein Eigentum eingreift, oder ist es wichtiger, dass mehr Personen die Mittel zur Verfügung haben, sich frei zu entfalten? Ist es wichtiger, dass meine

Leistung honoriert oder meine Schwächen ausgeglichen werden? Und so weiter.

L. Aber auf diese Fragen gibt es dann doch ganz verschiedene Antworten.

Ph. Vielleicht gibt es, wie in Bezug auf das Leben des Einzelnen, auch hier einen Spielraum von moralisch gesehen gleich guten Möglichkeiten, eine Gesellschaft zu organisieren. Mehr Freiheit (in einem Sinn) und weniger Gerechtigkeit (in einem Sinn) ist vielleicht ebenso gut wie weniger Freiheit und mehr Gerechtigkeit.

L. Sie meinen, weil man auch in einer Gesellschaft nicht alles, was gut ist, zugleich haben kann? Das kann natürlich sein.

Achte Gesprächsnotiz

Welche Theorie der Gerechtigkeit man vertritt und welche Auffassung von Freiheit man für richtig hält, hängt davon ab, welches Menschenbild man hat. Libertarier denken, dass Gerechtigkeit das Ergebnis des freien Austauschs von Gütern zwischen freien Akteuren ist. Freiheit kann allerdings nicht nur als Abwesenheit von Zwang, sondern auch als Anwesenheit von Möglichkeiten verstanden werden. Sogar die Idee, dass man seine Freiheit durch Zwang vergrößern kann, hat eine gewisse Berechtigung, wenngleich der Missbrauch dieser Idee sehr nahe liegt.

MITTWOCH

Wie objektiv ist die Moral?

Zwei Arten
von Rationalität

Leser Wissen Sie, ich habe das Gefühl, dass alles, was wir in den letzten beiden Tagen besprochen haben, vor allem aber, was wir über die Moral gesagt haben, noch irgendwie in der Luft hängt.

Philosoph Wie meinen Sie das?

L. Na ja, wir haben gesagt, dass man dies tun, jenes lassen sollte, so leben, so nicht. Aber was ist, wenn jemandem das alles einfach egal ist?

Ph. Dann ist er unvernünftig.

L. Wieso unvernünftig? Ich sehe noch halbwegs ein, dass es unvernünftig ist, sich selbst zu schaden. Und soweit die Moral auf Eigennutz begründet ist, mag es also auch unvernünftig sein, anderen zu schaden. Aber warum sollte es per se unvernünftig sein, wenn man sich weigert, den Gesamtnutzen zu maximieren oder die Rechte anderer zu achten?

Ph. Wir hatten uns doch überlegt, dass es – unter entsprechenden Umständen – richtig ist, den Gesamtnutzen zu maximieren beziehungsweise die Rechte anderer Menschen zu achten. Und daraus folgt unmittelbar, dass man unvernünftig ist, wenn man es nicht tut.

L. Das verstehe ich, ehrlich gesagt, überhaupt nicht. Was meinen Sie denn da mit »unvernünftig«?

Ph. Sie haben recht, das muss man tatsächlich zuerst einmal klären, weil es hier zwei ziemlich verschiedene Sichtweisen gibt. Der einen zufolge hat Unvernunft, Irrationalität, immer etwas damit zu tun, dass man sich in Widersprüche verwickelt.

L. Sie meinen, wenn man widersprüchliche Überzeugungen hat?

Ph. Das zum Beispiel, oder wenn man etwa willensschwach handelt.

L. Inwiefern verwickelt man sich da in einen Widerspruch? Weil man nicht tut, was man selbst für das Beste hält?

Ph. Genau. Die Handlung, also zunächst die Handlungsabsicht der Person, passt dann nicht zu ihrer Überzeugung. Das ist natürlich kein Widerspruch im engeren Sinn, also ein Widerspruch zwischen Überzeugungen, aber es ist eine Art innere Spannung. In diesem Sinn können auch Handlungsabsichten miteinander in Konflikt geraten, wenn ich beispielsweise ein bestimmtes Ziel anstrebe, aber die Mittel, die notwendig sind, um das Ziel zu erreichen, nicht will. Und es gibt auch irrationale Gefühle, weil unsere Gefühle einander oder unseren Überzeugungen oder Absichten in dieser Weise widersprechen können.

L. Wenn ich Angst habe, obwohl ich glaube, dass es keinen Grund dafür gibt, meinen Sie?

Ph. Zum Beispiel. – Empiristisch gesinnte Philosophen würden jetzt sagen, dass alle Irrationalität auf einem Widerspruch der einen oder anderen Art beruht. Rationalistisch gesinnte Philosophen glauben dagegen, dass es noch eine zweite Form von Irrationalität gibt.

L. Eine, die nichts mit Widersprüchen zu tun hat?

Ph. Ja. Unvernünftig ist demnach auch derjenige, der einfach nicht das glaubt, fühlt und will, wofür die besten Gründe sprechen. Und in diesem Sinn ist man unvernünftig, wenn man nicht das Richtige tut oder zumindest zu tun beabsichtigt. Denn wenn es richtig ist, dies oder jenes zu tun, dann heißt das doch nichts anderes, als dass die besten Gründe dafür sprechen, dies oder jenes zu tun.

L. Wieso glauben Sie das?

Ph. Man kann einfach nicht so etwas sagen wie: »Es ist zwar richtig, A zu tun, aber die besten Gründe sprechen nicht dafür, A zu tun.« Mit »richtig« meinen wir gerade »wofür die besten Gründe sprechen«, jedenfalls wenn man »richtig« nicht nur als »in dieser oder jener Hinsicht richtig«, sondern als »alles in allem richtig« versteht.

L. Aber was ist, wenn es jemand einfach nicht für alles in allem richtig hält, die Rechte anderer zu achten? Dann ist er doch nicht unvernünftig, wenn er keine Rücksicht auf diese Rechte nimmt.

Ph. In gewisser Hinsicht nicht, in anderer schon. Er ist dann nicht unvernünftig, insofern er sich in keinen Widerspruch verwickelt. Seine Handlungen passen, anders als etwa beim Willensschwachen, zu seinen Überzeugungen. Aber er ist eben schon unvernünftig, insofern er nicht das tut, was objektiv betrachtet richtig wäre, wofür also objektiv betrachtet die besten Gründe sprechen.

L. Ah, ich glaube, das ist der Punkt, an dem ich aussteige: Was soll das denn heißen, dass es »objektiv betrachtet« richtig ist, die Rechte anderer zu achten, oder dass »objektiv betrachtet« die besten Gründe dafür sprechen? Die Moral ist doch nichts Objektives, sondern, wie soll ich sagen, eher so eine Art Setzung.

Erste Gesprächsnotiz

Ist es unvernünftig, wenn man der Moral gleichgültig gegenübersteht? Das kommt darauf an, worin Irrationalität besteht. Dem Empiristen zufolge beruht alle Irrationalität letztlich auf einer Art Widerspruch: zwischen Überzeugungen, Emotionen und Absichten. Dem Rationalisten zufolge gibt es eine zweite Art von Irrationalität, die darin besteht, dass man nicht das glaubt, fühlt oder will, was die objektiv betrachtet besten Gründe von uns verlangen. Gibt es aber solche »objektiven Gründe« überhaupt? Ist insbesondere die Moral, die uns sagt, was zu tun (also auch zu wollen) richtig ist, wofür also die besten Gründe sprechen, objektiv?

Ist die Moral
eine bloße Setzung?

Ph. Von einer »Setzung« kann man wohl kaum sprechen.

L. Warum nicht?

Ph. Versuchen Sie doch einmal, eine moralische Norm zu setzen. Wie machen Sie das denn?

L. Na ja, ich nehme eben etwas Bestimmtes wichtig.

Ph. Was wir wichtig nehmen, können wir uns aber nicht so ohne Weiteres aussuchen. Versuchen Sie, etwas Beliebiges plötzlich wichtig zu nehmen. Können Sie zum Beispiel eine akzeptable moralische Forderung darin sehen, dass man zu jeder vollen Stunde dreimal in die Hände klatschen soll?

L. Nein, wozu sollte das denn gut sein?

Ph. Das ist zu gar nichts gut. Deshalb nehme ich es als Beispiel. Sie meinten doch, wir könnten Normen setzen. Können wir festsetzen, dass es richtig ist, zu jeder vollen Stunde dreimal in die Hände zu klatschen? Können Sie das wichtig nehmen? Können Sie Ihr Leben danach ausrichten, dass Sie nach Möglichkeit immer dazu kommen, die vollen Stunden dreimal zu beklatschen?

L. Ich könnte das schon machen.

Ph. Sie könnten zu jeder vollen Stunde dreimal in die Hände klatschen. Aber könnten Sie es als etwas aus sich heraus moralisch Gefordertes ansehen?

L. Also gut: Nein, das könnte ich nicht. Aber ich meinte ja auch eher, dass moralische Normen Setzungen von uns allen sind, nicht einfach von mir.

Ph. Da gilt doch das Gleiche: Könnten wir uns darauf einigen, dass es richtig ist, zu jeder vollen Stunde dreimal in die Hände zu klatschen?

L. Da würden die anderen eben nicht mitmachen!

Ph. Genau, und zwar, weil es einfach nicht richtig ist. Wen meinen Sie übrigens mit »die anderen«?

L. Die Gesellschaft eben.

Ph. Und wie stellen Sie sich vor, dass die angeblichen Setzungen vonstattengehen? Treffen sich die Leute da zum Normensetzen?

L. Sie nehmen das nicht wirklich ernst, scheint mir. Ist doch eigentlich klar, dass die Moral so eine Art soziales Konstrukt ist.

Ph. Ich weiß, offen gesagt, nicht so ganz, was ein soziales Konstrukt sein soll. Vielleicht meinen Sie so etwas wie die Straßenverkehrsordnung. Das ist ein Regelwerk, auf das wir, das Staatsvolk, uns mithilfe entsprechender Verfahren – über die Wahl von Repräsentanten etc. – geeinigt haben. Ich glaube aber nicht, dass man sich auf moralische Normen in dieser Weise einigen kann.

L. Warum? Nehmen Sie doch zum Beispiel das Strafgesetzbuch. Darauf haben wir uns genauso geeinigt wie auf die

Straßenverkehrsordnung. Und da werden doch offensichtlich moralisch relevante Sachen geregelt.

Ph. Ja, aber als Moralphilosoph kann man sich doch nicht auf das Strafgesetzbuch berufen.

L. Immerhin erkennen viele Menschen die Gesetze an.

Ph. Aber wenn man von moralischen Rechten spricht, meint man gerade Rechte, die nicht davon abhängen, ob sie jemand anerkennt oder nicht. Nehmen Sie zum Beispiel die Menschenrechte: Das sollen Ansprüche sein, die jeder Mensch stellen kann, allein aufgrund seines Menschseins.

L. Wenn sie nicht anerkannt werden, hat man aber wenig davon.

Ph. Praktisch nicht. Aber dann ist es immer noch wichtig, dass man demjenigen, der sie nicht anerkennt, sagen kann, dass er sie anerkennen *sollte*. Das setzt man gerade voraus, wenn man jemanden dafür kritisiert, dass er sie missachtet. Dass eine moralische Norm tatsächlich nicht befolgt wird, heißt einfach nicht, dass man sie nicht befolgen muss!

L. Trotzdem, auch unabhängig von der Anerkennung: Viele Gesetze enthalten doch moralisch relevante Normen, etwa die Strafgesetze oder das Grundgesetz.

Ph. Das stimmt. Aber Sie vergessen ganz die Begründungsrichtung: Etwas ist nicht deshalb moralisch verwerflich, *weil* es im Strafgesetzbuch oder im Grundgesetz verboten wird. Es ist doch vielmehr umgekehrt: Die Gesetze müssen sich an der Moral orientieren, wenn sie nicht ungerecht sein sollen. Dass man sich auf ein Gesetz einigt, heißt noch lange nicht, dass es gerecht ist.

L. Da ist allerdings etwas dran. Man hat sich, gerade in Deutschland, ja schon auf die verwerflichsten Dinge geeinigt.

Ph. Eben. Man möchte doch sagen, dass die Nazis unmoralisch waren, egal, wie die Mehrheit der Bevölkerung damals dachte.

L. Aber in der damaligen Zeit glaubten viele Leute, dass die Taten der Nazis moralisch in Ordnung waren.

Ph. Das bezweifle ich. Ich glaube, die meisten wussten auch damals, dass etwas grundsätzlich schiefläuft, haben es sich aber nicht eingestanden oder haben es sich sogar eingestanden und trotzdem nichts getan. Selbsttäuschung und Willensschwäche sind weiter verbreitet als moralischer Irrtum. Aber der entscheidende Punkt für unsere Diskussion ist sowieso nicht, ob die Leute *glaubten*, dass die Taten der Nazis moralisch in Ordnung waren, sondern ob sie es tatsächlich *waren*. Und die Antwort auf die letzte Frage ist doch klar: Nein!

L. Das denken wir jedenfalls.

Ph. Und wir haben recht.

L. Wie können Sie da so sicher sein? Das ist schließlich keine empirische Frage, die man irgendwie durch Beobachtung klären könnte. Man kann ja nicht *sehen* oder *hören*, dass eine Handlung moralisch verwerflich ist.

Ph. Und riechen, schmecken oder tasten kann man es auch nicht. – Ich denke, jetzt sind wir an einem wichtigen Punkt angekommen. Wenn man, wie Sie gerade, der Meinung ist, dass moralische Normen von uns gesetzt werden, dann liegt das oft nur daran, dass man sich schwer vorstellen kann, wie wir zu moralischen Normen kommen könnten, wenn sie nicht von uns gesetzt sind. Beobachtung scheint irgendwie auszuscheiden.

> *Die Forderungen der Moral können schwer als bloße Setzungen verständlich gemacht werden, weil nicht klar ist, wer auf welche Weise hier etwas setzt. Weder der Einzelne noch eine Gesellschaft scheinen einfach irgendwelche Normen als moralische Normen setzen zu können. Von uns gesetzte Normen, etwa Gesetze, können und müssen vielmehr ihrerseits moralisch bewertet werden. Es ist aber auch nicht klar, wie man die Moral* **nicht** *als Setzung verstehen kann, wo es doch keine moralischen Beobachtungen zu geben scheint.*

Die relativistische Herausforderung

L. Ich kann Ihnen schon sagen, warum ich denke, dass moralische Normen irgendwie bloße Setzungen sein müssen: Wie sonst ist es zu erklären, dass wir uns so uneinig in Bezug auf die Moral sind?

Ph. Sind wir das wirklich?

L. Klar. Die einen halten höhere Steuern für schlecht, die anderen nicht; die einen glauben, bestimmte Kampfeinsätze im Ausland seien ein Gebot der Menschlichkeit, die anderen vertreten das Gegenteil. Und wenn Sie verschiedene Kulturen betrachten, wird es noch schlimmer: Die einen haben die Todesstrafe, die anderen nicht; die einen trennen Staat und Kirche, die anderen nicht. Und noch wilder wird es, wenn man verschiedene Zeiten betrachtet: Früher fand man Sklaverei ganz in Ordnung, heute halten sie alle für schlecht.

Ph. Aber das sind doch nicht alles grundlegende Meinungsverschiedenheiten über die Moral.

L. Wieso denn nicht? Die einen finden Handlungsweisen richtig, die andere für falsch halten.

Ph. Ja, aber das heißt nicht automatisch, dass die Streitparteien *letztlich* unterschiedliche moralische Vorstellungen haben. Nehmen wir einmal Ihr erstes Beispiel: Die einen sind gegen höhere Steuern, die anderen dafür. Ob es sich hier um einen Streit über die Moral handelt, hängt doch davon ab, *warum* die einen dafür, die anderen dagegen sind.

L. Inwiefern?

Ph. Es könnte doch sein, dass die einen dagegen sind, weil sie glauben, dass mit niedrigen Steuern die Wirtschaft besser funktioniert und es so den meisten besser geht. Die anderen sind vielleicht dafür, weil sie glauben, dass mit höheren Steuern die vorhandenen Mittel besser verteilt werden und es *dadurch* den meisten besser geht. Beide wollen möglicherweise einfach, dass es den meisten Menschen besser geht.

L. Sie sind sich trotzdem über die Mittel uneinig, die dahin führen sollen.

Ph. Welche Mittel wozu führen, ist aber gar keine Frage der Moral, sondern eine empirische Frage. In der Politik stellen sich ständig solche empirischen Fragen. Und der Grund für die Uneinigkeit ist oft nicht, dass die Moralvorstellungen sehr verschieden sind, sondern dass solche empirischen Fragen extrem schwer zu beantworten sind.

L. Das stimmt natürlich. In der Wirtschaftspolitik gibt es so viel zu bedenken: alle möglichen miteinander verflochtenen Faktoren, und man weiß oft gar nicht, was passiert wäre, wenn man anders agiert hätte. Aber glauben Sie wirklich, alle politischen Auseinandersetzungen sind nur Auseinandersetzungen über Mittel?

Ph. Nein, aber viele. Wenn der eine gegen Steuererhöhungen ist, weil er die Freiheit des Einzelnen betont, der andere dafür, weil er die soziale Verantwortung aller betont, dann ist das schon ein Wertungsunterschied. Aber auch hier ist es häufig eher eine Sache der Gewichtung. Kaum einer glaubt, dass die Freiheit des Einzelnen unwichtig ist oder dass man keine soziale Verantwortung hat. Wir haben gestern ja schon darüber gesprochen, dass es vermutlich einen Spielraum für unterschiedliche, aber moralisch gleichwertige Gewichtungen geben kann.

L. Aber wenn man verschiedene Kulturen oder Zeiten betrachtet, werden doch die Gewichtungsunterschiede ganz schön groß.

Ph. Da bin ich mir nicht so sicher. Je ferner die Kulturen und Zeiten uns sind, desto schwerer wird es doch, überhaupt erst einmal zu verstehen, um was es jeweils geht. Nehmen Sie das notorische Beispiel: die Praxis der Inuit, die Eltern auf einer Eisscholle ins Meer treiben zu lassen, wenn sie sich nicht mehr selbst ernähren können.

L. Barbarisch.

Ph. Gar nicht. Wenn *Sie* Ihre Eltern auf eine Eisscholle setzen würden, wäre es barbarisch. Aber bei diesen Inuit ist die Lage so, dass viele an Unterernährung sterben würden, wenn man diejenigen mitzuversorgen versuchte, die sich nicht mehr selbst versorgen können.

L. Alles verstehen heißt alles verzeihen?

Ph. Mehr noch: Alles verstehen heißt oft verstehen, dass es gar nichts zu verzeihen gibt. Man muss sich nicht nur fragen: »Hätte ich nicht an Stelle des anderen genauso gehandelt?« Vielmehr muss man sich fragen: »Hätte ich nicht an Stelle des anderen genauso handeln *sollen*?« Radikal verschiedene Lebensumstände stellen eben auch radikal verschiedene moralische Anforderungen an uns.

L. Würden Sie also sagen, dass es unter antiken Umständen richtig war, Sklaven zu halten?

Ph. Nein. Mein Punkt war nicht, dass sich letztlich alle einig sind, sondern nur, dass moralische Meinungsverschiedenheiten auch nicht häufiger sind als Meinungsverschiedenheiten in anderen Bereichen. Gerade wenn man verschiedene Zeiten betrachtet, sind sie sogar viel seltener.

L. Wieso glauben Sie das?

Ph. Vergleichen Sie doch einmal die moralischen Vorstellungen der Antike mit unseren Vorstellungen, und betrachten Sie dann die damaligen wissenschaftlichen Vorstellungen und unsere. In der Moral hat sich letztlich vergleichsweise wenig geändert, in der Wissenschaft dagegen sehr viel. Deshalb können wir heute aus der Nikomachischen Ethik von Aristoteles immer noch etwas über Ethik lernen, aus seinen biologischen Schriften aber nicht mehr allzu viel über Biologie.

L. In der Wissenschaft gibt es eben einen Fortschritt. Und deshalb sind wir ganz anderer Meinung als die Leute früher.

Ph. Wer sagt Ihnen denn, dass es in der Moral keinen Fortschritt gibt? Dass man Sklaverei heute universell ablehnt, scheint mir ein gutes Beispiel für moralischen Fortschritt zu sein.

L. Vielleicht. Aber Sie haben doch gesagt, dass sich die Moral gar nicht so stark verändert. Das widerspricht sich doch.

Ph. In vielem bleiben unsere moralischen Vorstellungen gleich. Und wo sie sich tatsächlich ändern, da glauben wir durchaus an einen Fortschritt. Dass Freundschaft etwas Wichtiges für uns Menschen ist, wusste Aristoteles so gut wie wir heute. Zu der Einsicht, dass Frauen und Männer die gleichen Rechte haben sollten, musste man sich erst durchringen – und es ist ein Fortschritt, dass wir es getan haben.

L. Würden Sie dann sagen, dass sich Kulturen, die andere Moralvorstellungen als wir haben, einfach im Irrtum befinden? Das ist doch chauvinistisch!

Ph. Erstens glaube ich, wie gesagt, gar nicht, dass es einen so riesengroßen Dissens gibt, wenn man nur die grundlegenden moralischen Vorstellungen betrachtet. Zweitens glaube ich, dass es häufig verschiedene, moralisch gesehen gleich gute Möglichkeiten gibt, mit einer Situation umzugehen. Das sind die legitimen Gewichtungsunterschiede, von denen wir gesprochen haben. Drittens meine ich schon, dass bei einem echten Dissens nur einer recht hat. Damit ist aber natürlich noch nichts darüber gesagt, wer das ist: wir oder die anderen.

L. Eben. Und es gibt keine Möglichkeit, herauszufinden, wer recht hat. Es gibt ja keine Experimente, die man machen kann, um Streitfragen zu entscheiden.

Ph. Sie haben völlig recht. Wir müssen nach wie vor klären, wie man zu moralischen Normen kommt, wenn es sich dabei nicht um Setzungen handelt. Aber halten wir doch schon einmal fest, dass die Sache mit den moralischen Meinungsverschiedenheiten nicht so klar ist, wie man vielleicht zuerst denkt.

Dritte Gesprächsnotiz

*Die vielen moralischen Meinungsverschiedenheiten legen nahe, dass die Moral eine bloße Setzung ist. Nicht alle Meinungsverschiedenheiten bezüglich der Frage, was man tun soll, sind aber genuin **moralische** Meinungsverschiedenheiten. Oft handelt es sich lediglich um unterschiedliche Ansichten darüber, was die besten Mittel zu einem von allen gleichermaßen als wertvoll anerkannten Zweck sind. Außerdem muss man berücksichtigen, dass radikal verschiedene Lebensumstände auch radikal verschiedene moralische Anforderungen an uns stellen und dass es verschiedene moralisch gleichwertige Möglichkeiten geben kann, mit einer Situation umzugehen. Bei den verbleibenden echten moralischen Meinungsverschiedenheiten sollte man darüber*

hinaus damit rechnen, dass es wirklichen Fortschritt geben kann
und sich frühere Ansichten somit einfach als falsch erweisen. Es
stellt sich allerdings nach wie vor die Frage, wie man feststellen
kann, welche moralischen Urteile wahr und welche falsch sind,
wie also moralische Erkenntnis möglich ist.

Ist die Moral
eine bloße Projektion?

L. Menschen, die glauben, dass die Moral von Gott kommt, haben natürlich kein Problem damit, die objektive Verbindlichkeit der Moral zu akzeptieren.

Ph. Meinen Sie? Ich fürchte, der Verweis auf Gott würde gar nicht viel helfen, denn es gibt hier, wie man schon früh gesehen hat, zwei gleichermaßen problematische Möglichkeiten: Entweder Gott gibt seine Gebote, weil diese objektiv moralisch richtig sind, oder die Gebote sind objektiv moralisch richtig, weil sie von Gott gegeben sind. Im ersten Fall hilft der Verweis auf Gott nicht, denn die Frage ist ja gerade, was es heißt, dass die moralischen Gebote objektiv richtig sind. Außerdem: Wenn sie objektiv richtig sind, sind sie schon verbindlich, egal wie Gott sich zu ihnen stellt.

L. Das leuchtet ein. Aber warum nicht annehmen, dass moralische Gebote richtig sind, weil sie von Gott kommen?

Ph. Wenn die moralischen Gebote nur deshalb richtig sind, weil sie von Gott gegeben sind, dann gibt es keinen objektiven Maßstab mehr für die Bewertung Gottes selbst. Egal, was er für Gebote erlässt: Sie wären immer richtig.

L. Warum wäre das ein Problem?

Ph. Weil es doch irgendwie zu unserer Vorstellung Gottes gehört, dass er gut ist. Das kann man aber doch nur sinnvoll sagen, wenn es einen unabhängigen Maßstab gibt, an dem man ihn messen kann.

L. Also, wenn selbst der Verweis auf eine göttliche Autorität nicht hilft, die Moral objektiv zu machen, dann ist es aber wirklich so, dass die Moral rein subjektiv ist.

Ph. Was meinen Sie mit »rein subjektiv«?

L. Wir empfinden eben bestimmte Handlungsweisen als schlecht, und dann meinen wir, es sei objektiv betrachtet moralisch falsch, so zu handeln.

Ph. So ähnlich hat sich das Thomas Hobbes auch vorgestellt. Er dachte, dass wir unsere Empfindungen auf die Welt projizieren. Wenn wir uns vor einer Spinne ekeln, sagen wir, die Spinne sei eklig. Und wenn wir eine Handlungsweise abstoßend finden, sagen wir, die Handlung sei falsch.

L. Er spricht mir aus dem Herzen. Das meinte ich ja eigentlich damit, dass die Moral eine Setzung ist.

Ph. Nur eben keine willkürliche Setzung, weil wir uns unsere Empfindungen nicht aussuchen können?

L. Ja, genau. Und verschiedene Leute haben bei der gleichen Handlung verschiedene Empfindungen. Und so kann man die moralischen Meinungsverschiedenheiten erklären, die es tatsächlich gibt.

Ph. Das geht nicht so einfach. Wenn es letztlich nur um unterschiedliche Empfindungen ginge, wäre gerade *nicht* verständlich, wieso es moralische Meinungsverschiedenheiten gibt. Wir streiten doch auch nicht darüber, ob Spinnen eklig sind oder nicht, sondern wir sagen eher, dass der eine sich nun einmal vor Spinnen ekelt, der andere nicht. Und damit ist die Sache erledigt.

L. Das stimmt natürlich. Moralische Meinungsverschiedenheiten lassen sich meistens nicht so einfach auflösen.

Ph. Man würde jedenfalls nicht sagen: Der eine findet Rassismus abstoßend, der andere nicht, und damit fertig. Wir scheinen vielmehr anzunehmen, dass der Rassist *unrecht* hat und dass er deshalb seine Meinung ändern sollte.

L. Aber das zeigt vielleicht nur, dass wir eine falsche Auffassung von unseren moralischen Meinungsverschiedenheiten haben.

Ph. Oder es zeigt, dass die Moral nicht einfach eine Projektion ist.

L. Dann sehen wir von den Meinungsverschiedenheiten jetzt einmal ab. Wir hatten ja sowieso gesagt, dass die gar nicht so häufig sind.

Ph. Und dass es eine gewisse Einigkeit in moralischen Fragen gibt, würden Sie dann darauf zurückführen, dass die Menschen oft recht ähnlich auf das reagieren, was ihnen begegnet?

L. Genau. Die meisten haben Mitleid, wenn Sie einen Verletzten sehen. Und deshalb ist man sich einigermaßen einig darüber, dass man Menschen in Not helfen muss. Das ist teils Sache der Erziehung und teils der Gene. Dafür gibt es vermutlich sogar eine evolutionäre Erklärung.

Ph. Ganz bestimmt. Man kann sich leicht vorstellen, dass Kooperation überlebensdienlich ist. Und Kooperation ist wahrscheinlich nur möglich, wenn die Gemeinschaftsmitglieder eine gewisse Neigung dazu haben, einander zu helfen, also in gewissem Umfang altruistisch zu handeln.

L. Die Moral ist einfach eine Art List der Evolution!

Ph. Allerdings muss man sagen, dass sich unsere Neigungen zu unmoralischem Verhalten wohl genauso gut evolutionär erklären lassen wie unsere Neigungen zu moralischem Verhalten.

L. Ja, und?

Ph. Deshalb kann man schlecht behaupten, wir würden bestimmte Handlungsweisen nur deshalb für richtig halten, weil wir eine Disposition zu solchem Verhalten haben, die sich im Lauf der Evolution entwickelt hat. Auch zu Handlungsweisen, die wir für falsch halten, haben wir offenbar Neigungen, die sich evolutionär entwickelt haben und die also vermutlich irgendwie überlebensdienlich waren.

L. Und was folgt daraus?

Ph. Dass uns der Hinweis auf die Evolution nicht erklären kann, was es heißt, dass eine Handlung moralisch richtig oder falsch ist. Das ist doch zunächst einmal ganz ähnlich wie bei der Mathematik. Der Hinweis auf die Evolution erklärt auch nicht, worin mathematische Wahrheit besteht.

L. Natürlich nicht. Die Mathematik ist doch eine völlig objektive Wissenschaft.

Ph. Aber die grundlegenden Fähigkeiten, die nötig sind, um Mathematik zu treiben, haben sich bestimmt auch als eine Folge von Anpassungsprozessen und natürlicher Selektion entwickelt. Meinen Sie nicht?

L. Doch, schon. Aber in der Mathematik gibt es irgendwie einen objektiven Maßstab. Und gemessen daran zeigt sich auch, dass wir jede Menge Fehler machen, eben weil es mit unseren entsprechenden Fähigkeiten nicht allzu weit her ist. Wir verrechnen uns, ziehen falsche Schlüsse und so weiter.

Ph. Das Gleiche kann man in Bezug auf die Moral sagen. Auch da machen wir viele Fehler. Wir lügen und betrügen – und halten das manchmal sogar für richtig.

L. Na ja, das *nennen* eben diejenigen Fehler, die bezüglich der entsprechenden Handlungen eine andere Empfindung haben.

Ph. Und wenn jemand den Schluss zieht, dass B aus A folgt, weil A aus B folgt, dann wird das auch nur von denjenigen als Fehler bezeichnet, die bezüglich dieses Schlusses eine andere Empfindung haben.

L. Aber da geht es um objektive Tatsachen. Einer hat eben recht, der andere unrecht.

Ph. In der Moral ist es vielleicht genauso. In beiden Fällen kann man sagen, dass sich zwar unsere entsprechenden Fähigkeiten und deren Begrenzungen möglicherweise evolutionär verständlich machen lassen, dass man aber die Antwort auf die Frage, wie und warum sich etwas entwickelt hat, nicht mit der Antwort auf die Frage verwechseln sollte, was etwas ist.

L. Wollen Sie wirklich sagen, dass die Moral genauso objektiv ist wie die Mathematik?

Vierte Gesprächsnotiz

Kann man die Objektivität der Moral durch den Verweis auf Gott sicherstellen? Nicht, wenn Gott die moralischen Gebote erlässt, weil sie richtig sind. Aber auch die Vorstellung, dass die Moral richtig ist, weil sie von Gott verordnet wurde, ist problematisch. Ist die Moral also eine bloße Projektion? Diese Ansicht ist schwer mit unserer Auffassung von moralischen Meinungsverschiedenheiten in Einklang zu bringen. Wir scheinen nämlich davon auszugehen, dass man in moralischen Fragen recht oder unrecht haben kann. Unsere Neigung, moralisch zu handeln, lässt sich vermutlich evolutionär verständlich machen. Das gilt allerdings in gleicher Weise für unsere Neigung, unmoralisch zu handeln. Der Hinweis auf die Evolution kann darum die Moral ebenso wenig erklären wie etwa die Mathematik.

Ph. Tatsächlich haben manche Philosophen, zum Beispiel David Ross, den Vergleich von Moral und Mathematik als nützlich empfunden. Insbesondere hat moralische Erkenntnis eine gewisse Ähnlichkeit mit mathematischer Erkenntnis. In beiden Fällen spielt nämlich die Beobachtung, wie es scheint, keine Rolle.

L. Allerdings zeichnet sich die Mathematik natürlich dadurch aus, dass es da strenge Beweise gibt. Und die gibt es in der Moral gerade nicht.

Ph. Aber jeder Beweis hat Prämissen. Strenge Beweise gibt es auch in der Mathematik letztlich nur auf der Grundlage von ersten Prämissen, sogenannten Axiomen.

L. Ha, und die Axiome in der Mathematik sind einfach Setzungen. Genau wie in der Moral!

Ph. Sie immer mit Ihren Setzungen! Aber Sie haben schon recht, der Status der Axiome in der Mathematik ist wirklich umstritten. Darüber diskutiert man in der Philosophie der Mathematik. Für unseren Vergleich soll man sich das jedenfalls so vorstellen, dass Axiome unmittelbar für die Vernunft einsichtige erste Prinzipien sind.

L. Was wäre denn ein solches Prinzip?

Ph. Zum Beispiel, dass zwei Mengen identisch sind, wenn sie dieselben Elemente enthalten.

L. Das ist doch klar.

Ph. Schön. Dann sind Sie also auch der Meinung, dass dieses Axiom unmittelbar einsichtig ist.

L. Und ebenso einsichtig sollen dann moralische Grundsätze sein? Das wäre erstaunlich.

Ph. Nehmen Sie so etwas wie »Gerechtigkeit ist etwas Gutes«. Ist das nicht unmittelbar einleuchtend?

L. Vielleicht schon. Aber die Grundsätze, über die wir gestern geredet haben, sind doch etwas anspruchsvoller. Dass es stets richtig ist, den Gesamtnutzen zu maximieren, erscheint mir zum Beispiel nicht so unmittelbar einleuchtend zu sein.

Ph. Ich bin ganz Ihrer Meinung. Und ich glaube auch, dass die Einsicht, dass Gerechtigkeit etwas Gutes ist, letztlich gar keine moralische Einsicht ist.

L. Warum nicht?

Ph. Weil sie sich schon aus dem Begriff der Gerechtigkeit ergibt. Eine Güterverteilung, die nicht gut ist, *nennen* wir einfach nicht gerecht.

L. Aber warum sollte es nicht trotzdem eine moralische Einsicht sein?

Ph. Es ist eher eine begriffliche Einsicht, würde ich sagen. Wenn ich mich frage, was ich tun soll, ist es jedenfalls keine Hilfe, wenn mir klar ist, dass Gerechtigkeit etwas Gutes ist. Das verschiebt die Frage doch nur.

L. Sie meinen, weil man sich dann fragt, was zu tun denn nun gerecht ist und was nicht?

Ph. Genau.

L. Ist die Erkenntnis mathematischer Axiome dann auch nur eine Einsicht in bestimmte Begriffe?

Ph. Das ist jedenfalls eine denkbare Deutung. Man könnte zum Beispiel vermuten, dass sich die grundlegenden Axiome der Mathematik alle aus dem Begriff der Menge ergeben. Aber dann wäre klar, dass moralische Erkenntnis letztlich etwas ganz anderes ist als mathematische Erkenntnis, weil es in der Moral anscheinend nicht nur um begriffliche Einsichten geht. Man kann schließlich kaum behaupten, dass derjenige, der das utilitaristische Grundprinzip bestreitet, die entsprechenden Begriffe nicht kennt, also letztlich kein Deutsch kann.

L. Das leuchtet mir ein. Aber was wäre, wenn mathematische Erkenntnis ebenfalls mehr als bloß die Einsicht in bestimmte Begriffe wäre?

Ph. Dann hilft der Vergleich zwischen moralischer und mathematischer Erkenntnis auch nicht viel weiter, denn dann stellt sich natürlich die Frage, worum es sich bei mathematischer Erkenntnis eigentlich handelt.

L. Immerhin sind wir im Allgemeinen davon überzeugt, *dass* es da Erkenntnisse gibt.

Ph. Sind wir das im Bereich der Moral denn nicht eigentlich auch? Sind Sie wirklich der Ansicht, dass Ihr Recht auf körperliche Unversehrtheit nur eine »Setzung« ist, dass jemand – objektiv betrachtet – gar nichts falsch macht, wenn er Sie grundlos quält?

L. Ich gebe schon zu, dass das keine angenehme Vorstellung ist. Aber wie könnte die Moral objektiv sein?

Ph. Das ist tatsächlich das Hauptproblem. Einerseits sind wir fest davon überzeugt, dass die Moral objektiv ist. Das zeigt sich nicht zuletzt daran, dass wir uns keineswegs so verhalten, als wäre die Moral nur eine Setzung oder Projektion. Andererseits sehen wir nicht, wie die Moral objektiv sein kann. Das zeigt sich an den Schwierigkeiten, in die wir geraten, wenn wir die Objektivität der Moral verständlich machen wollen. Es ist doch nicht so, dass die Moral nur subjektiv ist, aber es muss doch so sein. Dieses »Es ist doch nicht so, aber es muss doch so sein« charakterisiert nach Wittgenstein die Natur philosophischer Probleme.

L. Schön zu hören. Aber wie lösen wir unser spezielles Problem?

Ph. Grundsätzlich gibt es zwei Wege: Man kann entweder versuchen, die Moral doch noch als eine Art Setzung oder Projektion oder etwas Ähnliches verständlich zu machen.

Dann muss man irgendwie unsere tiefliegende Überzeugung, dass die Moral objektiv ist, auflösen. Oder man kann weiter versuchen, die Objektivität der Moral verständlich zu machen.

L. Und Sie bevorzugen offenbar den zweiten Weg. Wollen Sie dazu den Vergleich mit der Mathematik weiterverfolgen?

Ph. Nein. Ich glaube, es ist letztlich aussichtsreicher, die Moral mit den Naturwissenschaften zu vergleichen.

Fünfte Gesprächsnotiz

Moralische Erkenntnis scheint, ähnlich wie mathematische Erkenntnis, nicht auf Beobachtung zu beruhen. Handelt es sich bei mathematischer Erkenntnis um rein begriffliche Erkenntnis? Wenn mathematische Erkenntnis rein begriffliche Erkenntnis ist, unterscheidet sie sich grundlegend von moralischer Erkenntnis, die nicht rein begrifflich ist; wenn nicht, ist mathematische Erkenntnis ebenso rätselhaft wie moralische Erkenntnis. So oder so hilft der Vergleich nicht weiter. Das grundlegende Rätsel, mit dem wir konfrontiert sind – die Moral ist doch nicht rein subjektiv, aber sie muss doch so sein –, hat die nach Wittgenstein für philosophische Probleme typische Form.

Moral und Naturwissenschaft

L. Ein Vergleich von Moral und Naturwissenschaft erscheint mir allerdings nicht gerade naheliegend. Schließlich ist die Frage, wie man naturwissenschaftliche Erkenntnisse gewinnt, leicht zu beantworten. Da kann man einfach Experimente machen. Und gerade die gibt es in der Moral doch nicht.

Ph. Manche Philosophen meinen, dass es so etwas wie mora-lische Beobachtungen gibt.

L. Wie kann man denn das glauben? Ich *sehe* doch nicht, dass Sklaverei schlecht ist – jedenfalls nicht mit den Augen.

Ph. Kommt darauf an, wie man die Sache deutet. Geht man einmal davon aus, dass es schlecht ist, wenn jemand dazu gezwungen wird, zu tun, was ein anderer will, dann kann man beobachten, dass Sklaverei schlecht ist, weil man beob-achten kann, dass Sklaven dazu gezwungen werden, zu tun, was ein anderer will.

L. Aber das ist doch keine moralische Beobachtung. Das Mo-ralische steckt doch in der Annahme, dass es schlecht ist, wenn jemand dazu gezwungen wird, zu tun, was ein anderer will.

Ph. Vielleicht ist das in der Wissenschaft aber ähnlich. Neh-men Sie folgendes Beispiel aus der Physik. Sie haben eine Nebelkammer – das ist ein Gerät, mit dem man die Flug-bahn von kleinen Teilchen sichtbar machen kann – und se-hen darin die Bahn eines Protons. Haben Sie wirklich das Proton beobachtet?

L. Warum denn nicht?

Ph. Weil Protonen zu klein sind, um sie direkt zu beobach-ten. In gewisser Hinsicht haben Sie nur Nebeltröpfchen ge-sehen, die Sie auf der Grundlage bestimmter physikalischer Theorien als Bahn eines Protons *gedeutet* haben. Und das ist ganz typisch für wissenschaftliche Beobachtungen, dass diese selbst schon wissenschaftliche Theorien voraussetzen. Alle Beobachtung ist, wie man in der Wissenschaftstheorie sagt, »theoriebeladen«.

L. Ist doch nicht schlimm.

Ph. Nein. Aber wenn physikalische Beobachtungen physika-lische Theorien voraussetzen dürfen, warum sollten dann

moralische Beobachtungen nicht moralische Theorien voraussetzen dürfen?

L. Das ist doch irgendwie etwas anderes.

Ph. Und wo liegt der Unterschied?

L. Ich weiß nicht. Das ist nicht so leicht zu sagen.

Ph. Ist es wirklich nicht. Und es ist viel darüber diskutiert
worden. Ich sehe jedenfalls einen wichtigen Unterschied
zwischen den beiden Fällen. Der Grund, warum man nicht
sagen möchte, dass man das Proton wirklich sieht, ist einfach, dass Protonen zu klein sind, um direkt gesehen werden
zu können. Dass man dagegen nicht sagen möchte, dass man
die Schlechtigkeit der Sklaverei sieht, scheint doch eher
daran zu liegen, dass die Schlechtigkeit *grundsätzlich* von der
falschen Art ist, um wahrgenommen werden zu können. Sie
ist nicht einfach zu klein, zu weit weg oder so etwas.

L. Ja, das stimmt. Die Schlechtigkeit zu sehen wäre irgendwie
so, als würde man das Bruttosozialprodukt sehen.

Ph. Ein schöner Vergleich. Wobei das Bruttosozialprodukt
immerhin noch indirekt empirisch zugänglich ist, während
die Schlechtigkeit einer Handlung prinzipiell von der falschen Art dafür ist. Man könnte hier noch einmal den Vergleich mit der Mathematik bemühen: Die Schlechtigkeit zu
sehen wäre so, als würde man Zahlen sehen.

L. Genau. Das geht prinzipiell nicht.

Ph. Ich denke, man kann auch erklären, warum die Moral
der Beobachtung nicht zugänglich ist: Die Moral sagt uns,
was zu tun richtig ist, wofür also die besten Gründe sprechen, was wir also vernünftigerweise tun *sollen*. Wir können
dagegen nur beobachten, wie die Dinge in der Welt tatsächlich *sind*. Aus einem »Sein« folgt aber, wie David Hume das
ausgedrückt hat, nie ein »Sollen«. Das wäre, wie man mit
G. E. Moore sagt, ein »naturalistischer Fehlschluss«.

L. Haben Sie ein Beispiel?

Ph. Der Stärkere herrscht von Natur aus über den Schwächeren, also sollte der Stärkere über den Schwächeren herrschen. Das wäre so ein Fehlschluss.

L. Das ist ziemlich offensichtlich.

Ph. Einen solchen Fehlschluss zieht auch praktisch niemand. Meistens ist eher eine versteckte Zusatzannahme im Spiel, bei meinem Beispiel etwa die Annahme, dass das, was von Natur aus passiert, immer richtig ist.

L. Das ist eine ziemlich unplausible Annahme. Schließlich werden die Leute auch von Natur aus krank. Was sollte daran richtig sein?

Ph. Nichts. Ich wollte nur deutlich machen, dass man den naturalistischen Fehlschluss immer durch eine mehr oder minder plausible Zusatzannahme vermeiden kann. Der Witz ist aber: Die Zusatzannahme muss selbst ein Sollen – oder eben Begriffe, aus denen sich ein Sollen ergibt, wie der Begriff des Guten oder Richtigen – enthalten, sonst folgt nämlich kein Sollen.

L. Dann scheitert aber doch sowohl der Vergleich zwischen Moral und Mathematik als auch der Vergleich zwischen Moral und Naturwissenschaft schon allein deshalb. In der Moral geht es um das Sollen, in der Mathematik und den Naturwissenschaften nicht!

Ph. Auf den ersten Blick. Ich glaube aber, wir sollten uns die Naturwissenschaft daraufhin noch etwas genauer anschauen.

Sechste Gesprächsnotiz

Ist die Moral mit der Wissenschaft vergleichbar? Wissenschaftliche Beobachtungen setzen oft bereits wissenschaftliche Theorien voraus, und wenn man moralische Theorien voraussetzt, ist auch moralische Beobachtung möglich. Dennoch scheint der

Bereich der Moral prinzipiell der Beobachtung entzogen zu sein, weil die Moral vom Sollen handelt, man aber nur beobachten kann, was ist. Es führt kein Weg vom Sein zum Sollen; wer aus einem Sein ein Sollen ableitet, zieht einen naturalistischen Fehlschluss. Ist damit nicht bereits bewiesen, dass die Moral von ganz anderer Art ist als die Wissenschaft?

Die Erkenntnis
von Gründen

Ph. Die entscheidende Frage ist, ob es nicht auch in der Naturwissenschaft irgendwo um ein Sollen geht, das erkannt werden muss. Und tatsächlich glaube ich, dass das so ist!

L. Wieso? Die Naturwissenschaft handelt doch davon, wie die Natur beschaffen *ist*.

Ph. Das stimmt. Allerdings geht es nicht nur um eine reine Beschreibung der Natur.

L. Nein, man will die Natur natürlich auch verstehen.

Ph. Und man möchte Vorhersagen machen, mit anderen Worten: Man möchte herausfinden, was wir über die Zukunft – und die nicht beobachtbare Vergangenheit – glauben *sollen*.

L. Aber das ist doch etwas ganz anderes als bei der Moral. Bei ihr geht es darum, was wir tun sollen, nicht darum, was wir glauben sollen.

Ph. Das stimmt. Aber in beiden Fällen geht es um Gründe, also um objektive Ansprüche an unsere Vernunft. Die Moral sagt uns, was zu tun richtig ist, was wir also *vernünftigerweise* tun sollen, die Wissenschaft sagt uns, was wir *vernünftigerweise* über die Zukunft glauben sollen.

L. Ah, jetzt sind wir wieder beim Beginn unseres heutigen

Gesprächs gelandet. Und ich frage mich ein weiteres Mal, was hier »vernünftig« heißt, und vor allem: ob es in beiden Fällen dasselbe heißt.

Ph. Ich würde sagen, dass es in beiden Fällen darum geht, objektiven Gründen gerecht zu werden, nicht einfach nur widerspruchsfrei zu bleiben.

L. Das glaube ich nicht. Zu einer Vorhersage kommt man doch durch eine einfache Ableitung: Wenn ich mich richtig an den Physikunterricht erinnere, ist es ein Naturgesetz, dass die Stromstärke in einem Stromkreis proportional zur angelegten Spannung ist. Daraus folgt direkt, dass sich die Stromstärke erhöhen wird, wenn ich die Spannung erhöhe.

Ph. Sie haben recht. Wenn man die Naturgesetze erst einmal kennt, ergibt sich *logisch*, was wir vernünftigerweise glauben sollen. Es geht dann tatsächlich nur noch darum, sich nicht in Widersprüche zu verwickeln, also beispielsweise nicht vorherzusagen, dass die Stromstärke fallen wird, wenn man die Spannung erhöht, obwohl man bereits das ohmsche Gesetz akzeptiert.

L. Sie hatten aber gesagt, dass »vernünftig« im Rahmen der Moral nicht einfach »widerspruchsfrei« heißt, sondern mit »objektiven Gründen« zu tun hat. Also heißt »vernünftig« in der Wissenschaft nicht dasselbe wie in der Moral.

Ph. Das gilt, *wenn* man die Naturgesetze erst einmal kennt. Aber die entscheidende Frage ist doch: Wie kommt man denn zu diesen?

L. Durch Beobachtung.

Ph. Das Problem ist aber, dass die Naturgesetze über die Beobachtung hinausgehen. Sonst wären sie auch nicht für Vorhersagen zu gebrauchen. Und aus dem, was wir beobachten, folgt logisch nie etwas, was über die Beobachtung hinausgeht. Das ist Humes berühmtes Problem der Induktion: Es ist nicht möglich, aus beschränkten Beobachtungsdaten auf allgemeine Gesetze zu schließen.

L. Aber solche Schlüsse ziehen wir doch andauernd: Bisher ist die Sonne morgens immer aufgegangen, also wird sie auch in Zukunft morgens aufgehen – natürlich abgesehen davon, dass sich die astronomischen Verhältnisse irgendwann einmal ganz grundlegend ändern werden.

Ph. Aber das ist eben keine *logische* Schlussfolgerung, das heißt, die Konklusion kann falsch sein, obwohl die Prämissen wahr sind. Nehmen Sie Bertrand Russells Beispiel vom induktivistischen Truthahn. Das ganze Jahr über wird er immer morgens gefüttert, und er schließt daraus, dass er auch in Zukunft gefüttert werden wird. Aber irgendwann ist eben Weihnachten.

L. Aber wie kommen wir denn dann zu den Naturgesetzen?

Ph. Das ist eine der zentralen Fragen der Wissenschaftstheorie, die viel diskutiert wurde. Aber ich denke, die Antwort kann nur lauten: Indem wir Beobachtungen als *nichtlogische* Gründe auffassen. Wir sehen mehrmals, dass die Stromstärke mit der Spannungserhöhung anwächst, und das ist unser Grund zur Annahme, dass sie sich immer entsprechend verhält. Aber das ist kein logischer Grund, und es wäre nicht widersprüchlich zu glauben, dass die Stromstärke sich beim nächsten Versuch anders als bisher verhält.

L. Wir können ja testen, was beim nächsten Versuch herauskommt.

Ph. Dann haben wir eine Beobachtung mehr, aber an der Grundsituation ändert sich nichts: Wissenschaftliche Erkenntnis ist nur möglich, wenn wir dazu in der Lage sind, bestimmte Tatsachen als nichtlogische Gründe für Vorhersagen aufzufassen. Und moralische Erkenntnis ist nur möglich, wenn wir dazu in der Lage sind, bestimmte Tatsachen als nichtlogische (das heißt hier: nicht auf irgendeine Art von Konsistenz bezogene) Gründe für Handlungen aufzufassen.

L. Aber ich dachte, wir wären uns einig darüber, dass die Moral gerade nicht durch Beobachtung zugänglich ist.

Ph. Gründe als solche lassen sich auch nicht im strikten Sinne beobachten. Es ist eher so, dass wir bestimmte Tatsachen beobachten und diese dann als Gründe *auffassen*: einmal als Gründe für Vorhersagen (in der Wissenschaft), einmal als Gründe für Handlungen (in der Moral). Dass wir manche Tatsachen als Gründe auffassen, andere nicht, folgt nicht aus der Beobachtung, sondern hat etwas mit uns zu tun.

L. Ist das aber dann nicht rein subjektiv, was wir als Gründe auffassen und was nicht?

Ph. Das würde ich nicht sagen. Zum einen können wir uns nicht aussuchen, was wir als Gründe auffassen. Zum anderen müssen sich unsere Ansichten durchaus bewähren. Ich stelle mir das so vor: Zuerst einmal fangen wir mit »natürlichen« Vorstellungen von Vorhersage- und Handlungsgründen an. Und da kann man nur sagen: Ein vernünftiger Mensch hat aufgrund seiner Beobachtungen bestimmte Erwartungen, und ein vernünftiger Mensch reagiert auf bestimmte Tatsachen mit bestimmten Handlungen.

L. An welche Beispiele denken Sie da?

Ph. Wenn zum Beispiel jemand die Beobachtung, dass die Sonne bisher morgens aufgegangen ist, nicht als Grund auffasst, zu glauben, dass sie auch in Zukunft morgens aufgehen wird, sondern als Grund für irgendetwas anderes oder gar nichts, dann ist er einfach nicht vernünftig. Und wenn jemand die Tatsache, dass ihm selbst oder anderen etwas Schmerzen bereitet, nicht als Grund ansieht, die entsprechende Handlung einzustellen, gilt das Gleiche. Hier biegt sich, wie Wittgenstein sagt, der Spaten, und man kann nur sagen, dass ein vernünftiger Mensch die Welt – theoretisch und praktisch – zunächst einmal so auffasst. Das *meinen* wir in diesem Zusammenhang mit »vernünftiger Mensch«.

L. Sie hatten aber gerade auch gesagt, dass sich unsere Ansichten bewähren müssen. Worin besteht denn die Bewährung unserer wissenschaftlichen und moralischen Vorstellungen?

Ph. Unsere natürlichen Erwartungen und Reaktionen werden im Lauf der Zeit verfeinert und auch teilweise revidiert, wenn wir merken, dass sie nicht zueinander passen. Wir fangen zwar mit intuitiven Vorstellungen über Gründe für Vorhersagen und Handlungen an. Diese Einzelurteile erweitern wir aber anhand neuer Beobachtungen und systematisieren sie dann in allgemeinen Vorstellungen, in wissenschaftlichen und moralischen Theorien. Nehmen Sie noch einmal das Beispiel mit der Sonne: Ein vernünftiger Mensch nimmt zwar die Tatsache, dass die Sonne bisher morgens aufgegangen ist, als Grund für die Überzeugung, dass sie weiterhin morgens aufgehen wird. Aber im Lauf der Zeit verfeinern wir anhand weiterer Beobachtungen unsere astronomische Theorie und fassen dementsprechend die Tatsache, dass die Sonne, soweit wir das bisher beobachten konnten, morgens aufgegangen ist, nicht mehr so einfach als Grund dafür auf, zu glauben, dass die Sonne *immer* morgens aufgehen wird – weil wir auch Grund zu der Annahme haben, dass sich das Universum im Lauf der Zeit verändern wird.

L. Und im Fall der Moral?

Ph. Da glauben wir vielleicht zunächst, dass die Schmerzhaftigkeit einer Handlung ein zwingender Grund ist, die Handlung zu unterlassen. Aber dann stellen wir fest, dass es sich in manchen Situationen lohnt, Schmerzen zu ertragen, etwa beim Zahnarzt. Dann verfeinern wir unsere »Theorie« über praktische Gründe.

L. Und was wir im Einzelfall für richtig halten, dient immer als letzter Test für die Theorien?

Ph. Es ist eher so, dass wir Einzelfallintuitionen und allgemeine Theorien in ein Überlegungsgleichgewicht bringen, wie Rawls das genannt hat, das heißt, wir geben Theorien auf, wenn sie zu vielen unserer Einzelfallintuitionen nicht passen. Wir geben aber auch Einzelfallintuitionen auf, wenn sie nicht zu fest verankerten Theorien passen – in der Wissenschaft ebenso wie in der Moral. Dieser Prozess zieht sich über viele Generationen hin, wobei wir das Erreichte durch eine – wissenschaftliche und moralische – Ausbildung und Erziehung weitergeben. Aber diese Ausbildung muss doch immer wieder bei den Reaktionen des vernünftigen Menschen auf seine Umwelt ansetzen.

L. Ich sehe durchaus, dass es da gewisse Parallelen zwischen Moral und Wissenschaft gibt. Aber ich frage mich, offen gesagt, ob ich jetzt besser verstehe, wie die Moral objektiv sein kann – oder ob ich stattdessen die Objektivität der Wissenschaft schlechter verstehe.

Ph. Das kann ich Ihnen nicht verdenken. Aber immerhin eines kann man doch sagen: Niemand zweifelt ernsthaft an der Objektivität der Wissenschaft. Und wenn die Moral diesbezüglich der Wissenschaft gleicht, dann sollte man auch nicht an der Objektivität der Moral zweifeln.

L. Ich glaube, darüber muss ich noch einmal in Ruhe nachdenken.

Siebte Gesprächsnotiz

Die Wissenschaft sagt uns, was wir glauben sollen – nicht nur, wenn wir widerspruchsfrei bleiben, sondern auch wenn wir objektiven, nichtlogischen Gründen gerecht werden wollen. Insofern geht es in der Wissenschaft ebenso wie in der Moral um objektive Gründe. Diese erkennen wir, die vernünftigen Menschen, indem wir bestimmte beobachtete Tatsachen zunächst als Gründe für Vorhersagen und Handlungen auffassen, um diese Auffassungen dann im Lichte weiterer Beobachtungen zu korrigieren und in umfassende Theorien zu integrieren. Die Methode des »Überlegungsgleichgewichts« ist für die Wissenschaft wie für die Moral zentral; die Moral könnte folglich ebenso objektiv wie die Wissenschaft sein.

Was können wir wissen?

Die skeptische Herausforderung

Philosoph Darf ich Ihnen etwas zu essen oder zu trinken anbieten, bevor wir in die zweite Hälfte der Woche starten: einen Ambrosiakeks vielleicht oder eine Nektarschorle?

Leser Gerne, vielen Dank. – Schmeckt wirklich himmlisch!

Ph. Und ist extrem gesund.

L. Wo waren wir gestern gleich stehen geblieben?

Ph. Wir haben uns gefragt, wie moralische, mathematische und naturwissenschaftliche Erkenntnis möglich ist, und man könnte noch einige andere Bereiche betrachten, wie etwa ästhetische oder religiöse Erkenntnis. Aber heute sollten wir einen Schritt weiter gehen und die grundlegendere Frage diskutieren, ob wir überhaupt *irgendetwas* wissen können.

L. Das habe ich mich tatsächlich schon öfter gefragt, und offen gesagt glaube ich, dass wir strenggenommen überhaupt nichts wirklich wissen können.

Ph. Warum denken Sie das?

L. Weil man sich doch nie sicher sein kann. Wie oft haben die Leute schon geglaubt, dass sie etwas wüssten, und danach hat sich herausgestellt, dass sie unrecht hatten!

Ph. Das stimmt natürlich. Man könnte allerdings auch sagen: Wie oft haben die Leute schon geglaubt, dass sie etwas wüssten, und danach hat sich *nicht* herausgestellt, dass sie unrecht hatten.

L. Aber das kann ja dann noch kommen!

Ph. Vielleicht haben wir unterschiedliche Beispiele von Wissensansprüchen im Sinn. An was denken Sie denn, wenn Sie sagen, man könne sich nie sicher sein?

L. An die Wissenschaft zum Beispiel. Hier verändern sich unsere Vorstellungen doch ständig, und was gerade noch als neuste Entdeckung gilt, erweist sich schon bald als überholt.

Ph. Ich denke mehr an alltägliche Fälle von Wissen. Ich weiß zum Beispiel, dass ich mich gerade mit Ihnen unterhalte, dass die Wände in diesem Raum weiß sind, dass wir schönes Wetter haben und vieles mehr. Bei solchen Dingen ist ein Irrtum doch extrem unwahrscheinlich.

L. Aber absolut gewiss sind selbst diese Sachen nicht.

Ph. Ich glaube nicht, dass wir normalerweise davon ausgehen, dass man nur das wissen kann, was absolut gewiss ist. So hohe Ansprüche stellen wir an alltägliches Wissen nicht. Wenn ich Sie frage, ob Sie wissen, welcher Wochentag heute ist, werden Sie vermutlich ohne zu zögern »Ja, Donnerstag« sagen, auch wenn das nicht absolut gewiss ist.

L. Meinetwegen. Im Alltag nehmen wir es da nicht so genau. Ich meine nur, dass es eben immer möglich ist, dass man sich täuscht.

Ph. Wirklich? Nehmen wir mein Beispiel: Ich glaube, dass wir uns gerade unterhalten. Wie sollte es möglich sein, dass ich mich da täusche?

L. Es könnte doch sein, dass Sie die Unterhaltung nur träumen. Es wundert mich etwas, dass ich Ihnen das sagen muss. Ist das nicht eine bekannte philosophische Überlegung?

Ph. Doch, eine sehr wichtige sogar. Skeptiker – oder sagen wir lieber: Philosophen, in denen jedenfalls *auch* ein Skeptiker steckt – haben dieses Traumargument immer wieder ver-

wendet. Aber ich finde es eigentlich nicht besonders überzeugend.

L. Wieso? Wenn ich nicht zwischen Traum und Wirklichkeit
unterscheiden kann, dann kann ich auch nicht wissen, ob ich
mich gerade unterhalte oder nur träume, mich zu unterhalten.

Ph. Ja, aber man kann doch zwischen Traum und Wirklichkeit unterscheiden. Denken Sie einfach einmal an Ihren letzten Traum zurück. Wollen Sie allen Ernstes behaupten, da
gäbe es keinen Unterschied zu dem, was Sie jetzt erleben, wo
Sie wach sind?

L. Doch, schon. Aber ich wüsste nicht so recht, wie ich den
Unterschied beschreiben sollte.

Ph. Man könnte zum Beispiel sagen, dass Träume eher so
sind, wie wenn wir uns etwas vorstellen, und nicht wie tat-
sächliche Wahrnehmungen. Vieles ist ja beispielsweise unbestimmt: Stellen Sie sich einmal einen Mann vor.

L. Okay.

Ph. Hat der Mann, den Sie sich vorstellen, braune oder
schwarze Schuhe an?

L. Dazu habe ich mir nichts vorgestellt.

Ph. So ist das doch in Träumen auch. Wenn wir von einem
Haus träumen, dann ist das nicht so, wie wenn wir ein Haus
sehen, sondern eher so, wie wenn wir uns ein Haus vorstellen. Vieles fehlt einfach. – Außerdem könnte man sagen,
dass Träume oft unzusammenhängend und wirr sind, und
man könnte sicher weitere Unterschiede beschreiben. John
Austin hat das sehr schön so auf den Punkt gebracht: Wenn
Träume wirklich qualitativ ununterscheidbar von Wacher-
fahrungen wären, dann wäre es für Künstler nicht schwierig,
ihren Werken eine traumartige Qualität zu verleihen, sondern dann wäre es ganz unvermeidbar, weil *jede* Erfahrung

eine traumartige Qualität hätte. Das ist offenbar Unsinn. Ich sehe deshalb nicht, warum ich irgendwie daran zweifeln sollte, dass ich jetzt gerade nicht träume.

L. Sie haben aber doch selbst gesagt, dass Skeptiker dieses Argument immer wieder verwendet haben.

Ph. Das stimmt zwar, aber so ganz ernst haben sie es nie genommen. Es geht ihnen eigentlich nicht um unsere tatsächlichen Träume. Sie wollen nur deutlich machen, dass unsere Wahrnehmungen und Empfindungen letztlich ganz losgelöst von der Welt sein könnten.

L. Also wieder so wie in dem Film *Matrix*? Wenn ich mich richtig erinnere, haben wir das am Montag schon einmal kurz angesprochen.

Ph. Genau. Bei Descartes zum Beispiel ist das Traumargument nur ein Schritt hin zu der Vorstellung, dass wir uns über alles täuschen könnten. Und das illustriert er mit der Idee eines bösen Dämons, eines *genius malignus*, der uns völlig falsche Vorstellungen beziehungsweise Überzeugungen eingibt. Die Frage ist dann: Woher wissen wir, dass wir nicht die ganze Zeit von so einem bösen Dämon (oder meinetwegen von Außerirdischen mit Supercomputern) getäuscht werden?

L. Und die Antwort lautet: Wir wissen es nicht! Wie ich schon gesagt habe: Man kann sich nie ganz sicher sein.

Ph. Das wäre nicht so schlimm, wenn man sich nie ganz sicher sein könnte, denn wir haben ja schon gesehen, dass Wissen im alltäglichen Sinn gar keine absolute Gewissheit voraussetzt. Aber es scheint nicht nur so zu sein, dass wir die Täuschung durch einen bösen Dämon nicht mit absoluter Gewissheit ausschließen können. Wir haben anscheinend *überhaupt keinen Grund*, eher zu glauben, dass wir uns gerade unterhalten, als dass ein böser Dämon uns das nur vorgaukelt. Das heißt aber doch, dass wir kein Wissen haben, selbst wenn man beliebig niedrige Ansprüche an Wissen stellt. Es ist einfach völlig willkürlich, wenn wir glauben, dass wir uns unterhalten.

L. Ich finde, jetzt schießt der Skeptiker über das Ziel hinaus. Ich meine ebenfalls, dass man immer damit rechnen sollte, unrecht zu haben. Aber völlig willkürlich sind meine Überzeugungen doch nun auch wieder nicht.

Ph. Eben schon. Wenn es zwei Möglichkeiten gibt und Sie keinerlei Grund haben, eher an die eine als an die andere zu glauben, dann ist es völlig willkürlich und damit irrational, wenn Sie davon überzeugt sind, dass eine davon realisiert ist. Stellen Sie sich vor, Sie hätten keinerlei Grund, eher zu glauben, dass Ihre Lieblingsmannschaft im Handball am Wochenende gewonnen als dass sie nicht gewonnen hat. Dennoch sind Sie fest davon überzeugt, dass die Mannschaft gewonnen hat. Das ist offensichtlich unvernünftig. Und Sie könnten definitiv nicht beanspruchen, zu *wissen*, dass die Mannschaft gewonnen hat – selbst wenn man das Wort »wissen« noch so großzügig versteht.

L. Und Sie wollen sagen, es sei genauso unvernünftig, zu glauben, dass wir uns gerade unterhalten, dass die Wände hier im Raum weiß sind und dass heute Donnerstag ist?

Ph. Ich will das nicht behaupten. Aber es scheint sich aus der skeptischen Überlegung zu ergeben. Indem der Skeptiker uns eine täuschende Alternative vor Augen stellt, die wir nicht ausräumen können, etwa die, dass uns ein böser Dämon täuschen könnte, zeigt er uns, dass all unsere Überzeugungen letztlich völlig unbegründet sind und wir folglich, auch im alltäglichen Sinn, nichts wissen können.

L. Das kann doch irgendwie nicht stimmen.

Ph. Das ist jedenfalls die skeptische Herausforderung.

Wir können uns bei allem, was wir glauben, täuschen. Das ist zwar bei vielen alltäglichen Überzeugungen extrem unwahrscheinlich, aber absolute Gewissheit ist kaum zu erlangen. Absolute Gewissheit ist allerdings auch keine notwendige Bedingung für Wissen im alltäglichen Sinn. Das Traumargument (wenn man es nicht zu ernst nimmt) und die Annahme der Möglichkeit eines bösen Dämons scheinen jedoch darüber hinausgehend zu zeigen, dass wir letztlich keinerlei Gründe für unsere Überzeugungen haben und somit Wissen unmöglich ist, egal wie niedrig unsere Ansprüche an Wissen sind. Das ist die skeptische Herausforderung.

Was ist Wissen?

L. Und wie geht man mit dieser Herausforderung um?

Ph. Ein erster Schritt ist, genauer zu klären, was Wissen eigentlich ist.

L. Was gibt es da zu klären?

Ph. Eine Art und Weise, wie Philosophen versuchen, Begriffe zu klären, besteht darin, eine Wesensdefinition anzugeben, also eine Definition, die einzeln notwendige und zusammen hinreichende Bedingungen aufführt.

L. Das müssen Sie mir erklären.

Ph. Nehmen Sie ein einfaches Beispiel: Was ist ein Junggeselle? Ein Junggeselle ist ein unverheirateter Mann. Unverheiratet zu sein ist eine notwendige Bedingung dafür, ein Junggeselle zu sein, ein Mann zu sein eine weitere. Einzeln sind die beiden Bedingungen also notwendig, und zusammengenommen sind sie sogar hinreichend, das heißt: Jeder,

der ein unverheirateter Mann ist, ist dann auch tatsächlich ein Junggeselle.

L. Und so eine »Wesensdefinition« suchen wir jetzt für Wissen? Wie soll man da vorgehen?

Ph. Sie müssen sich einfach überlegen, unter welchen Umständen man von jemandem sagen kann, dass er etwas weiß, und unter welchen Umständen nicht. Man kann zum Beispiel kaum sagen, dass jemand weiß, dass noch Marmelade im Kühlschrank ist, wenn er nicht einmal glaubt, dass noch Marmelade im Kühlschrank ist.

L. Also ist es eine notwendige Bedingung für Wissen, dass man eine Überzeugung hat?

Ph. Genau. Meinen Sie, das reicht schon für Wissen?

L. Nein, natürlich nicht. Man kann sich ja täuschen.

Ph. Deshalb ist auch Wahrheit eine notwendige Bedingung für Wissen. Man kann nicht wissen, was nicht der Fall ist. – Würden Sie sagen, dass jede wahre Meinung auch schon ein Fall von Wissen ist? Sind die beiden Bedingungen also bereits hinreichend für Wissen?

L. Hm. Was ist, wenn man nur zufällig die richtige Überzeugung hat? Ich denke zum Beispiel an Leute, die an Astrologie glauben. Es könnte passieren, dass jemand aufgrund der Sternenkonstellation glaubt, dass er im Lotto gewinnen wird, und dass die Person dann zufällig tatsächlich im Lotto gewinnt. Dann hatte sie eine wahre Überzeugung, aber natürlich kein Wissen.

Ph. Deshalb glauben viele Philosophen, dass man jedenfalls noch eine dritte notwendige Bedingung für Wissen braucht: Nur eine *gerechtfertigte*, wahre Überzeugung wäre demnach Wissen. Dem Astrologieanhänger, so könnte man sagen, fehlt es an einer angemessenen Rechtfertigung für seine Überzeugung.

L. Und reicht das jetzt? Ist Wissen einfach dasselbe wie gerechtfertigte, wahre Überzeugung?

Ph. Das ist tatsächlich die Standardanalyse von Wissen, die sich so ähnlich schon bei Platon findet. Aber gerade in den letzten fünfzig Jahren hat man ausführlich über Schwierigkeiten mit dieser Definition nachgedacht. Es gibt nämlich ein berühmtes Beispiel, das zeigt, dass tatsächlich nicht jede gerechtfertigte, wahre Überzeugung ein Fall von Wissen ist. Nehmen Sie einmal den folgenden Fall: Claudia hat gute Gründe zu glauben, dass ihr Rivale Franz und nicht sie selbst einen bestimmten Job bekommen wird. Sagen wir, der Firmenchef hat ihr schon entsprechende Signale gegeben oder so. Außerdem hat Claudia gute Gründe zu glauben, dass Franz zehn Münzen in der Hosentasche hat. Vielleicht hat sie gesehen, wie er sie eingesteckt hat. Claudia überlegt nun und kommt zu dem Schluss, dass derjenige, der den Job bekommt, zehn Münzen in der Tasche hat. Und tatsächlich kommt es auch so, dass derjenige, der den Job bekommt, zehn Münzen in der Tasche hat.

L. Also hat Claudia eine gerechtfertigte, wahre Überzeugung, und damit weiß sie, dass derjenige, der den Job bekommt, zehn Münzen in der Tasche hat. Wo ist das Problem?

Ph. Das Problem ist, dass sich der Firmenchef in letzter Sekunde doch noch für Claudia entscheidet, was diese aber nicht weiß, und dass Claudia, wie es der Zufall will, auch zehn Münzen in der Tasche hat, wovon sie aber ebenfalls nichts weiß.

L. Und dann würde man nicht sagen, dass Claudia weiß, dass derjenige, der den Job bekommt, zehn Münzen in der Tasche hat, obwohl sie die gerechtfertigte, wahre Überzeugung hat, dass derjenige, der den Job bekommt, zehn Münzen in der Tasche hat?

Ph. So ist es. Es war ja nur Zufall, dass Claudia Recht damit hatte, dass derjenige, der den Job bekommt, zehn Münzen in der Tasche hat. Und Zufall ist mit Wissen anscheinend nicht vereinbar.

L. Und deshalb würden Sie sagen, dass Wissen nicht dasselbe wie gerechtfertigte, wahre Überzeugung ist. – Ich möchte nicht unhöflich sein, aber beschäftigen Philosophen sich denn wirklich mit so seltsamen Beispielen? Ich dachte eher, es geht in der Philosophie nur um ganz grundlegende Sachen.

Ph. Finden Sie, die skeptische Herausforderung ist so eine ganz grundlegende Sache?

L. Ja, schon.

Ph. Diese ergibt sich aber nun einmal daraus, dass der Skeptiker eine ganz bestimmte Vorstellung von Wissen für seine Argumente verwendet. Wenn man diese Herausforderung verstehen und ihr dann vielleicht sogar begegnen möchte, kommt man nicht daran vorbei, zunächst einmal zu klären, was Wissen ist. Und das Beispiel, das übrigens von dem amerikanischen Philosophen Edmund Gettier stammt, zeigt einfach, dass Wissen nicht dasselbe wie gerechtfertigte, wahre Überzeugung sein kann.

L. Aber solche Beispiele kommen doch in der Realität nie vor.

Ph. Das spielt keine Rolle. Wenn wir in diesem einen Fall jemandem kein Wissen zuschreiben würden, obwohl er eine gerechtfertigte, wahre Überzeugung hat, dann sind diese Bedingungen eben nicht hinreichend für Wissen. Man merkt es nur nicht, solange man bloß die alltäglichen Fälle betrachtet.

L. Na gut, das leuchtet ein. Aber was ist Wissen denn dann?

Ph. Diese Frage ist, wie gesagt, gerade in den letzten fünfzig Jahren sehr viel diskutiert worden, nicht nur, weil man in

Bezug auf die skeptische Herausforderung gerne genauer wissen möchte, was Wissen ist, sondern weil das auch an sich eine interessante Frage ist.

L. Wie kann man da fünfzig Jahre lang diskutieren? Man wird eben noch eine vierte Bedingung brauchen, und dann ist die Sache doch erledigt.

Ph. Das haben bestimmt viele Philosophen zuerst genauso gesehen. Aber tatsächlich hat sich herausgestellt, dass es sehr schwierig ist, die richtigen Bedingungen zu finden. Immer wenn jemand eine neue Definition vorgeschlagen hat, hat es nicht lange bis zum nächsten Gegenbeispiel gedauert. Und das ging ziemlich lange so. Ich gebe Ihnen noch ein Beispiel: Was war Ihrer Ansicht nach mit der Rechtfertigung von Claudia nicht in Ordnung?

L. Na, dass sie davon ausgegangen ist, dass Franz den Job bekommt. Das hat ja nicht gestimmt.

Ph. Deshalb wäre eine naheliegende Definition doch: Man weiß genau dann, dass etwas der Fall ist, wenn man die entsprechende gerechtfertigte, wahre Überzeugung hat und wenn die Rechtfertigung nicht auf falschen Annahmen beruht.

L. Okay. Und das Gegenbeispiel?

Ph. Henry fährt durch die Landschaft und schaut aus dem Fenster. Er sieht eine Scheune und kommt auf dieser Grundlage zu der sicherlich gerechtfertigten, wahren Überzeugung, dass da eine Scheune steht. Was Henry nicht weiß: In der Gegend gibt es jede Menge Scheunenattrappen, die er vom Auto aus ebenfalls für echte Scheunen gehalten hätte. Er hat nur zufällig bei der einzig echten Scheune weit und breit aus dem Fenster geschaut.

L. Also ist seine Überzeugung wieder nur zufällig wahr und damit kein Wissen?

Ph. Und seine Rechtfertigung basiert diesmal auch nicht auf falschen Voraussetzungen. Henry ist einfach deshalb gerechtfertigt, zu glauben, dass da eine Scheune steht, weil er sie gesehen hat.

L. Tja, ich sehe schon: Ist wohl tatsächlich nicht so einfach, eine Definition von Wissen zu finden.

Ph. Nein. Es gibt mittlerweile hunderte von Aufsätzen zu dem Thema.

L. Das ist ja schrecklich. Und das ist Philosophie?

Ph. Na ja, das ging den Philosophen im Lauf der Zeit schon auch auf die Nerven. Aber so etwas hat eine eigene Dynamik. Man denkt sich: Es muss doch eine einfache Definition geben. Schließlich ist man ganz kurz davor. Aber dann findet man trotzdem keine, die richtig passt. Das ist durchaus typisch für die Philosophie, dass man zuerst ein kleines begriffliches Problem hat, dann keine Lösung findet und merkt, dass doch mehr dahintersteckt, als man dachte.

L. Und was steckt dahinter?

Ph. Es steckt dahinter, dass die Natur von Wissen und Rechtfertigung nicht so leicht zu durchschauen ist. – Für unsere Zwecke können wir das Problem aber zumindest vorläufig lösen, indem wir einfach sagen: Wissen ist *richtig* gerechtfertigte, wahre Überzeugung. Claudia ist zwar gerechtfertigt, aber irgendwie nicht richtig, und bei Henry ist es genauso. Deshalb haben sie kein Wissen.

L. Und wann eine Überzeugung »richtig« gerechtfertigt ist, sagen wir nicht? Gut, lassen wir es für jetzt einmal dabei. Aber irgendwann würde ich mir das gerne noch einmal genauer überlegen.

Ph. Sehen Sie: Jetzt verstehen Sie doch, wie man fünfzig Jahre lang über das Thema diskutieren kann!

Zweite Gesprächsnotiz

Es ist nicht leicht, eine Wesensdefinition für Wissen anzugeben. Auch wenn man das Gefühl nicht loswird, ganz kurz vor einer Lösung des Problems zu stehen, finden sich anscheinend immer wieder Gegenbeispiele. Die Natur von Wissen und Rechtfertigung ist schwer zu durchschauen. Fragt man allerdings nicht zu genau nach, so ist eine Definition von Wissen durchaus möglich: Wissen ist richtig gerechtfertigte, wahre Überzeugung.

Noch einmal
die skeptische Herausforderung

L. Und mit dieser Definition von Wissen, sagen Sie, können wir die skeptische Herausforderung besser verstehen?

Ph. Ja, man kann nämlich jetzt genau sagen, warum der Skeptiker glaubt, dass wir nichts wissen können. Er meint, dass wir eine der notwendigen Bedingungen für Wissen nie erfüllen können.

L. Sie meinen die Wahrheitsbedingung?

Ph. Nein, die ist nicht das Problem. Der Skeptiker will ja nicht sagen, dass all unsere Überzeugungen falsch sind. Woher sollte er das auch wissen? Er bestreitet vielmehr, dass wir jemals in unseren Überzeugungen gerechtfertigt sind.

L. Weil es immer sein kann, dass wir uns täuschen, da uns zum Beispiel ein böser Dämon täuschen könnte?

Ph. Genau. Solche »skeptischen Szenarien« sollen zeigen, dass wir letztlich immer falschliegen *könnten*. Selbst wenn wir dann tatsächlich richtigliegen, also wahre Überzeugungen haben, haben wir keine richtige Rechtfertigung. Und deshalb können wir niemals Wissen beanspruchen. – Es gibt übrigens noch eine zweite skeptische Argumentation, die noch deutlicher macht, dass wir an der Rechtfertigungsbedingung scheitern: Was, würden Sie sagen, muss man tun, um eine Überzeugung zu rechtfertigen?

L. Man muss Gründe angeben.

Ph. Und die Gründe muss man ihrerseits wiederum wissen. Also muss man auch Gründe für die Gründe angeben.

L. Ich sehe das Problem: Man wird so nie fertig mit dem Gründegeben.

Ph. Tatsächlich scheint es nur drei Möglichkeiten zu geben: Entweder man kann die Rechtfertigung nicht abschließen, weil man endlos neue Gründe sucht – das nennt man einen »infiniten Regress«. Oder man hört einfach irgendwann auf, neue Gründe zu suchen, aber dann ist der letzte Grund nicht gerechtfertigt (und in Bezug auf diesen wären wir folglich »dogmatisch«). Oder man kommt irgendwann auf Gründe zurück, die man vorher schon einmal angeführt hat, aber dann argumentiert man im Kreis (also »zirkulär«). Manche nennen das, nach einem antiken Skeptiker, das »Agrippa-Trilemma«, manche sprechen auch vom »Münchhausen-Trilemma«, wegen der Geschichte, in der der Baron von Münchhausen erzählt, er habe sich samt seinem Pferd am eigenen Schopf aus dem Sumpf gezogen.

L. Und in jedem der drei Fälle, würden Sie sagen, scheitert die Rechtfertigung.

Ph. Das sagt der Skeptiker. Er denkt, dass man niemals eine *gerechtfertigte* Überzeugung haben kann; also ist eine der Bedingungen für Wissen niemals erfüllt. Damit hat der Skeptiker gezeigt, dass wir nichts wissen können.

L. Halt, warten Sie mal. Da widerspricht sich der Skeptiker doch letztlich selbst. Er behauptet zu *wissen*, dass wir *nichts wissen* können. Das geht doch nicht.

Ph. Es ist wirklich eine gute Idee, die skeptische These auf sich selbst anzuwenden. Das ist überhaupt in der Philosophie ein ziemlich wichtiges Argumentationsmuster. Wenn man zeigen kann, dass sich jemand selbst den Ast absägt, auf dem er sitzt, dann hat er verloren. Und Sie haben schon recht: Der Skeptiker sägt hier wirklich an der eigenen Sitzgelegenheit.

L. Das ist dann so wie mit den Kretern, die alle lügen?

Ph. Nicht ganz. Was Sie meinen, ist eine Paradoxie. Wenn der Kreter sagt: »Ich lüge jetzt«, sagt er dann gerade die Wahrheit oder lügt er?

L. Das kenne ich: Wenn er die Wahrheit sagt, dann ist es so, wie er sagt: Er lügt gerade, sagt also etwas Falsches. Und wenn er gerade etwas Falsches sagt, dann ist es nicht so, wie er sagt, das heißt, er lügt. Aber genau das behauptet er. Demnach sagt er die Wahrheit. Wenn er die Wahrheit sagt, sagt er etwas Falsches, und wenn er etwas Falsches sagt, sagt er die Wahrheit.

Ph. Genau. Bei einer Paradoxie folgt aus der Wahrheit einer Aussage ihre Falschheit *und umgekehrt*. Bei Ihrem Einwand gegen den Skeptiker ist es aber anders: Wenn der Skeptiker zu wissen behauptet, dass man nichts wissen kann, dann folgt aus der Wahrheit seiner Aussage ihre Falschheit. Aus ihrer Falschheit folgt aber nicht ihre Wahrheit, denn wenn der Skeptiker nicht weiß, dass man nichts wissen kann, dann folgt daraus nicht, dass er weiß, dass man nichts wissen kann. So oder so ergibt sich also einfach, dass der Skeptiker nicht weiß, dass man nichts wissen kann.

L. Und kann der Skeptiker dieser Zwickmühle entkommen?

Ph. Es ist gar nicht leicht, eine gute Lösung für dieses Problem zu finden. Ein antiker Skeptiker hätte vermutlich am ehesten gesagt, dass er gar nicht zu wissen beansprucht, dass wir nichts wissen können.

L. Aber wozu soll sein Argument dann gut sein?

Ph. Es soll *uns* dazu bringen, unsere Wissensansprüche aufzugeben, genauer gesagt: Es soll uns dazu bringen, erst gar keine Überzeugungen zu haben.

L. Und wozu soll *das* gut sein?

Ph. In der antiken Skepsis ging es vor allem darum, den Weg zu einem guten Leben aufzuzeigen. Skeptiker dachten, dass wir vor allem deshalb nicht glücklich sind, weil uns alle möglichen Dinge beunruhigen: Wir haben Angst, die falschen Ziele zu verfolgen, unsere Ziele nicht zu erreichen und wieder zu verlieren, was wir erreicht haben. Diese Ängste werden wir los, wenn wir uns des Urteils über unsere Ziele enthalten. Allgemeine Urteilsenthaltung soll zu Gemütsruhe und damit zu einem glücklichen Leben führen.

L. Eine seltsame Glückslehre ist das …

Ph. Finden Sie? Es ist doch nur die Extremform einer Strategie, die wir alle gut kennen. Denken Sie daran, wie wir unsere Mitmenschen trösten, wenn etwas schiefgegangen ist. Dann sagen wir oft so etwas wie »Wer weiß, wofür es gut ist?«. Das ist genau der Punkt: Niemand weiß, wofür etwas noch gut ist, also soll man sich keine Gedanken machen. Das ist der skeptische Weg zum guten Leben!

L. Man könnte tatsächlich häufig etwas mehr Gelassenheit gebrauchen. Aber Gelassenheit in Bezug auf alles ist doch irgendwie zu viel des Guten. Das ist dann eher Gleichgültigkeit. Und wer möchte schon in völliger Gleichgültigkeit gegenüber allen Dingen leben?

Ph. Man muss die Skepsis vielleicht wie eine Medizin anwenden. Wenn man von bestimmten Fragen besonders gequält wird, wendet man darauf die skeptischen Argumente an und kommt zur Gemütsruhe. Bezüglich der Fragen, die uns nicht quälen, wenden wir die Skepsis einfach nicht an.

L. Aber das geht doch nicht. Die skeptischen Argumente sind anscheinend nun einmal da. Und wenn man sie überhaupt anwenden kann, dann muss man sie wohl auf alles anwenden.

Ph. So würde das ein moderner Philosoph sicherlich sehen. Das ist vielleicht der wichtigste Unterschied zwischen der antiken und der modernen Skepsis, dass ein antiker Skeptiker vor allem das praktische Ziel des guten Lebens im Blick hatte, während ein Philosoph wie Descartes die skeptische Herausforderung als allgemeines theoretisches Problem betrachtet und die praktischen Konsequenzen weitgehend ignoriert.

L. Und wie könnte ein moderner Skeptiker dann mit dem Vorwurf umgehen, dass sich seine Position letztlich selbst widerspricht?

Ph. Eine Möglichkeit wäre, dass er seine Behauptung einschränkt. Er könnte sagen: Überzeugungen *über die Welt* können nur dann als Wissen gelten, wenn sie begründet sind. Deshalb können wir kein Wissen *über die Welt* haben.

L. Warum sollte ihm das helfen?

Ph. Weil seine Überlegungen nur voraussetzen, dass man weiß, was »Wissen« und was »Rechtfertigung« bedeuten. Es wird kein Wissen über die Welt beansprucht.

L. Aber der Skeptiker behauptet doch letztlich etwas über uns und damit auch über die Welt: nämlich, dass wir nichts wissen!

Ph. Nein. Er behauptet, dass wir nichts wissen *können*. Und das ergibt sich, wenn er recht hat, einfach aus dem Begriff des Wissens. Das ist so, wie sich auch aus dem Begriff des eckigen Kreises ergibt, dass es keinen eckigen Kreis geben kann. Dass es keine eckigen Kreise geben kann, ist ebenfalls keine Behauptung über die Welt. Es wird nur gesagt, dass der

Begriff widersprüchlich ist. So zeigt auch der Skeptiker, dass der Begriff des Wissens, genauer gesagt: des Wissens über die Welt, in sich widersprüchlich ist – wenn er recht hat.

L. Und das weiß er, ohne eine Begründung zu benötigen?

Ph. Das weiß er allein aufgrund der Tatsache, dass er den Begriff des Wissens kennt.

L. Aber das ist Unsinn. Sie glauben doch wohl nicht im Ernst, dass Sie *überhaupt nicht* wissen, ob wir uns gerade unterhalten, und erst recht nicht, dass Sie es nicht wissen können, oder?

Ph. Nein. Aber das ist genau das Problem. Einerseits sind wir alle fest davon überzeugt, eine Menge zu wissen, jedenfalls im alltäglichen Sinn des Wortes. Andererseits gibt es diese ganz einfachen Argumente, die zu zeigen scheinen, dass wir nichts über die Welt wissen können. Das ist wieder so ein Fall von »Es ist doch nicht so (dass wir nichts wissen können), aber es muss doch so sein«.

Dritte Gesprächsnotiz

Dem Skeptiker zufolge können wir kein Wissen haben, weil wir die Rechtfertigungsbedingung niemals erfüllen können. Um das deutlich zu machen, verweist der Skeptiker auf skeptische Szenarien oder auf die Überlegung, dass jede Rechtfertigung bereits Wissen voraussetzt, man also bei dem Versuch, eine Überzeugung zu begründen, in einen infiniten Regress, zu einem dogmatischen Abbruch oder in einen Zirkel kommt. In jedem Fall scheitert die Rechtfertigung. Wendet man die skeptische Überlegung auf die Position des Skeptikers selbst an, so ergibt sich ein Problem: Der Skeptiker scheint sich selbst zu widerlegen. Er kann diesem Problem vielleicht entgehen, indem er entweder keine Behauptung aufstellt (und sich damit begnügt, Zweifel zu säen, um damit Urteilsenthaltung und vielleicht sogar ein gutes Leben der Gelassenheit herbeizuführen) oder indem er seine Behauptung einschränkt. Dennoch: Es ist doch nicht so, dass wir nichts wissen können!

Zirkuläre oder dogmatische Rechtfertigungen?

L. Das ist wirklich irritierend. Irgendwo in der skeptischen Überlegung muss der Wurm stecken. Ist es vielleicht doch nicht immer notwendig für Wissen, dass man gerechtfertigt ist?

Ph. Jedenfalls sollten wir uns etwas mehr Gedanken darüber machen, wie unsere Rechtfertigungen tatsächlich aussehen. Ist es denn wirklich so, dass wir beim Begründen in einen Regress, Zirkel oder dogmatischen Abbruch geraten? Betrachten wir ein Beispiel: Wissen Sie, dass Bayern München am Wochenende gewonnen hat?

L. Ja, woher wissen Sie, dass ich mich für Fußball interessiere?

Ph. Nur geraten. Aber woher wissen Sie das Fußballergebnis?

L. Ich habe die Tabelle mit den Ergebnissen vom Wochenende in der Zeitung angeschaut.

Ph. Und woher wissen Sie, dass stimmt, was in der Zeitung steht?

L. Ich habe es zufällig auch noch im Internet gelesen.

Ph. Und woher wissen Sie, dass dort korrekt berichtet wurde?

L. Warum sollten die absichtlich falsch berichten? Das würde doch sofort herauskommen. Es waren ja bestimmt 40 000 Leute bei dem Spiel und haben gesehen, wie es ausgegangen ist. Und dass das Ergebnis versehentlich falsch gemeldet wurde, ist praktisch ausgeschlossen, wenn in der Zeitung und im Internet dasselbe steht.

Ph. Aber auf die Zeitung haben Sie sich schon einmal bezogen. Ist das nicht zirkulär?

L. Nein. Ich beziehe mich ja nicht nur auf die Zeitung. Ich meine vielmehr, dass alles dafür und nichts dagegen spricht, dass das Ergebnis korrekt gemeldet wurde.

Ph. Deshalb sind auch manche Philosophen der Ansicht, dass ein Rechtfertigungszirkel nicht unbedingt ein Problem ist.

L. Das ist doch gar kein echter Zirkel, eher, wie soll ich sagen ...

Ph. ... ein Netz von Überzeugungen, in dem sich die Überzeugungen gegenseitig stützen, weil sie zusammenpassen?

L. Genau. Wenn alles zusammenpasst, hat man keinen Grund, skeptisch zu sein.

Ph. Man könnte sagen: Unser ganzes Netz von Überzeugungen rechtfertigt einzelne Überzeugungen, und jede einzelne Überzeugung trägt zur Rechtfertigung des Netzes bei. Eine Überzeugung ist umso besser gerechtfertigt, je besser sie in ein kohärentes Netz von Überzeugungen hineinpasst. Erinnern Sie sich daran, was wir gestern zum Überlegungsgleichgewicht zwischen Einzelintuitionen und übergreifenden Theorien in der Wissenschaft und Moral gesagt haben? So ähnlich funktioniert das vielleicht für Begründungen im Allgemeinen!

L. Und dann könnten Rechtfertigungen gelingen, obwohl sie irgendwie auch zirkulär sind?

Ph. Das ist die Idee. Es gibt allerdings ein großes Problem: Wer sagt mir, dass nicht *alle* Überzeugungen meines Netzes auf einmal falsch sind?

L. Sie meinen, so wie ein Lügenmärchen durchaus kohärent sein kann, obwohl nichts davon stimmt?

Ph. Genau so. Man bräuchte scheinbar einen Grund dafür, das ganze Netz zu akzeptieren. Und einen solchen Grund hat man nicht, oder wenn man ihn hat, muss man wiederum begründen, warum man glaubt, dass man ihn hat.

L. Damit wäre man wieder beim Regress, beim Zirkel oder beim dogmatischen Abbruch.

Ph. Es sei denn natürlich, man könnte eine Rechtfertigung finden, die ohne den Bezug auf Überzeugungen über die Welt auskommt, also rein begrifflich ist. Denn selbst der Skeptiker musste ja einräumen, dass wir unsere Begriffe kennen.

L. Gibt es solche Argumente?

Ph. Es gibt durchaus Philosophen, die glauben, dass man allein aus dem Begriff der Wahrheit oder dem Begriff der Überzeugung ableiten kann, dass nicht all unsere Überzeugungen auf einmal falsch sein können. – Aber ich fürchte, diese Argumente sind so voraussetzungsreich, dass ich Sie damit nicht leicht überzeugen könnte. Wir sollten lieber noch etwas beim Begriff der Rechtfertigung bleiben.

L. Einverstanden.

Ph. Wir können ja einmal probieren, ob ein Abbruch der Rechtfertigung immer dogmatisch ist. Woher wissen Sie beispielsweise, dass ich gerade vor Ihnen sitze?

L. Das sehe ich.

Ph. Und woher wissen Sie, dass Sie mich sehen?

L. Das ist eine blöde Frage.

Ph. Eben!

L. Worauf wollen Sie hinaus?

Ph. Sie haben gerade die Rechtfertigung abgebrochen, ohne dass Sie sich dogmatisch vorgekommen sind. Vielmehr bin ich Ihnen blöd vorgekommen.

L. Wenn ich Sie doch sehe.

Ph. Viele Philosophen betrachten tatsächlich die Wahrnehmung als das Fundament unserer Rechtfertigungen. Wenn ich eine Überzeugung irgendwann durch den Bezug auf meine Wahrnehmung rechtfertigen kann, kommt die Begründung zum Ende, ohne dass ich dogmatisch bin. Und der Skeptiker hat verloren.

L. Das ging jetzt aber erstaunlich einfach.

Ph. Leider nicht wirklich, denn die Wahrnehmung kann uns ja täuschen. Und auch wenn wir dies im Einzelfall durch wiederholte oder variierte Beobachtung überprüfen können, bleiben immer noch die skeptischen Hypothesen, welche die Wahrnehmung überhaupt als möglicherweise unzuverlässig erweisen. Wenn Sie wirklich gar keinen Grund haben, eher zu glauben, dass Sie mich sehen, als dass ein böser Dämon Sie täuscht, dann ist es eben doch dogmatisch, sich auf die Wahrnehmung zu berufen.

L. Also müsste ich irgendwie die Möglichkeit ausschließen, dass mich ein böser Dämon täuscht. Das wird vermutlich nicht leicht.

Ph. Descartes hat geglaubt, dass man das tatsächlich ausschließen kann.

L. Descartes ist doch der, der gesagt hat: »Ich denke, also bin ich.«

Ph. Genau. Und darüber, dass Sie selbst existieren, kann Sie auch ein böser Dämon nicht täuschen.

L. Das ist schon einmal etwas. Allerdings war die Frage ja nicht, woher ich weiß, dass es mich gibt, sondern woher ich weiß, dass es Sie gibt und Sie vor mir sitzen. Hat sich Descartes dazu auch etwas ausgedacht?

Ph. Hat er. Aber das hat nicht sehr viele überzeugt. Er glaubte, man könne die Existenz Gottes unabhängig von der Erfahrung, also allein durch Überlegung, beweisen. Und wenn es einen guten Gott gibt, dann sollte der sicherstellen, dass uns kein böser Dämon täuscht.

L. Das ist jetzt tatsächlich ein bisschen das Pferd vom Schwanz her aufgezäumt. Dass es Gott gibt, ist doch viel zweifelhafter, als dass Sie hier vor mir sitzen.

Ph. Und deshalb wird man den bösen Dämon auch nicht so leicht los, obwohl es bis heute Philosophen gibt, die glauben, dass man solche skeptischen Szenarien ohne Verweis auf die Erfahrung, also rein begrifflich, ausschließen kann. Aber die Argumente dafür sind ihrerseits ziemlich zweifelhaft.

Vierte Gesprächsnotiz

Häufig scheint man einzelne Überzeugungen zu rechtfertigen, indem man sie in ein Netz von Überzeugungen integriert. Die einzelne Überzeugung trägt dann ihrerseits wiederum zur Glaubwürdigkeit des ganzen Netzes von Überzeugungen bei. Aber könnte nicht das ganze Netz auf einmal falsch sein? Viele Rechtfertigungen schließen wir auch mit dem Verweis auf unsere Wahrnehmung ab. Aber könnte uns nicht ein böser Dämon täuschen? In beiden Fällen bräuchte man ein Argument gegen den Skeptiker, das nicht selbst auf der Erfahrung beruht. Descartes hat im 17. Jahrhundert versucht, ein solches Argument zu finden, und andere Philosophen versuchen es immer noch. Ob diese Argumente erfolgreich sind, ist fraglich.

Kontextabhängige Rechtfertigungen

L. Also gewinnt der Skeptiker?

Ph. Nicht unbedingt. Es gibt noch eine wichtige Beobachtung, die wir bisher nicht bedacht haben: Unsere Rechtfertigungen sind kontextabhängig.

L. Was heißt das?

Ph. Nehmen wir einmal an, ich frage Sie, ob die Bank am Samstagvormittag geöffnet hat, Sie sagen ja, und ich will wissen, woher Sie das wissen. Wenn Sie dann sagen, Sie wären selbst einmal am Samstag dort gewesen, dann könnte es sein, dass ich zufrieden bin oder auch nicht.

L. Das hängt wahrscheinlich davon ab, wie wichtig es Ihnen ist, dass ich recht habe. Banken ändern ja ihre Öffnungszeiten hin und wieder.

Ph. Genau. Wenn ich unbedingt zur Bank muss, vielleicht weil sonst ein Scheck platzt, dann bräuchten Sie bessere Gründe, damit ich Ihnen Wissen zuschreibe. Aber wenn nicht viel davon abhängt, reicht Ihre Rechtfertigung vielleicht aus.

L. Aber was hilft das in Bezug auf den Skeptiker?

Ph. Die Idee der sogenannten Kontextualisten ist die: Wenn es nicht einen Standard für Rechtfertigungen gibt, den man erfüllen muss, um etwas zu wissen, sondern verschiedene, dann kann der Skeptiker nicht mehr so ohne Weiteres sagen, wir hätten kein Wissen. Wir haben dann vielleicht kein Wissen gemessen an *seinen* Anforderungen, aber vielleicht haben wir schon Wissen gemessen an *unseren gewöhnlichen* Anforderungen.

L. Man sagt also: Lieber Skeptiker, du übertreibst da etwas. Wenn man, wie du es verlangst, supersicher sein muss, um etwas zu wissen, haben wir kein Wissen. Aber alltägliches Wissen, wie wir es beanspruchen, haben wir durchaus: Feld-Wald-und-Wiesen-Wissen sozusagen. – Das Problem war aber doch gerade, dass der Skeptiker gar nicht besonders streng ist.

Ph. Das stimmt. Er behauptet, dass wir letztlich *gar keine* Gründe für unsere Überzeugungen haben. Die entscheidende Frage ist allerdings: Brauchen wir tatsächlich immer Gründe, um gerechtfertigt zu sein? Der Skeptiker geht davon aus, dass man, um gerechtfertigt zu sein, immer weiter Gründe geben können muss. Aber das stimmt doch gar nicht. Manchmal muss man Gründe geben, um gerechtfertigt zu sein. Manchmal muss man aber auch Gründe geben, um nach weiteren Gründen fragen zu dürfen.

L. Wieso das? Nach Gründen fragen darf man doch immer.

Ph. Es ist aber nicht immer vernünftig. Ich habe Sie vorhin gefragt, woher Sie wissen, dass ich vor Ihnen sitze.

L. Und ich habe geantwortet: Weil ich Sie sehe.

Ph. Und als ich dann gefragt habe, woher Sie *das* wissen, haben Sie meine Frage »blöd« gefunden. Philosophen sagen »unvernünftig«, wenn sie »blöd« meinen.

L. In dem Fall hätten also Sie einen Grund für Ihre Nachfrage anführen müssen?

Ph. So würde das ein vernünftiger Mensch vermutlich sehen. Und so ist es, je nach Kontext, in Bezug auf alle möglichen Überzeugungen, nicht nur Wahrnehmungsüberzeugungen: Wenn mich jemand zum Beispiel fragt, woher ich weiß, wie ich heiße, würde ich doch nicht ins Grübeln kommen, sondern eher nachfragen, wo das Problem liegen soll.

L. Ich auch.

Ph. Und wenn dann nichts käme, würde ich nicht mich als ungerechtfertigt betrachten, sondern den anderen.

L. Aber woher weiß man, wann man Gründe braucht und wann nicht?

Ph. Da müssen wir, wie gestern, auf die Reaktion des vernünftigen Menschen verweisen. Bestimmte Überzeugungen erwirbt ein vernünftiger Mensch als Reaktion auf seine Umwelt und seinen bisherigen Kenntnisstand ohne weitere Gründe, andere nicht. Und deshalb betrachten wir manche

Überzeugungen ohne Gründe als vernünftig, andere nicht. Hier ist man wieder an einer Stelle, an der sich der Spaten biegt. – Klar ist jedenfalls, dass wir manche Zweifel nur als vernünftig betrachten, wenn sie ihrerseits begründet sind.

L. Ach so, und dann kommt man gar nicht mehr in das Problem mit dem unendlichen Begründen, weil irgendwann der Skeptiker Gründe geben muss, damit es weitergeht. Das ist ein bisschen wie bei dem Spiel »Vier gewinnt«.

Ph. Wieso?

L. Wer anfangen darf, gewinnt immer. Wenn man immer nach Gründen für eine Überzeugung fragen darf, gewinnt der Skeptiker. Wenn man immer nach Gründen für Zweifel fragen darf, gewinnen wir.

Ph. Genau. Und wenn man manchmal nach Gründen für Überzeugungen, manchmal nach Gründen für Zweifel fragen darf, gewinnt mal der eine, mal der andere. Aber jedenfalls kommt man nicht *notwendigerweise* in einen infiniten Regress, einen Zirkel oder zu einem dogmatischen Abbruch. Und das war es, was der Skeptiker behauptet hat.

L. Aber der Skeptiker hat doch immer einen Grund für Zweifel: Er kann einfach jedes Mal sagen: »Es könnte doch sein, dass uns ein böser Dämon täuscht.«

Ph. Das stimmt. Aber ich bin nicht sicher, ob das wirklich ein Grund für Zweifel ist oder ob es nur so aussieht. Was ist denn eigentlich ein böser Dämon? Und wie täuscht er uns?

L. Keine Ahnung. Ich dachte, das wäre ganz egal.

Ph. Es ist egal, wenn es nur darum geht, uns darauf hinzuweisen, dass wir keinen Grund für all unsere Überzeugungen über die Welt auf einmal haben. Aber es ist nicht egal, wenn es darum geht, zu zeigen, dass wir einen Grund haben, an all unseren Überzeugungen über die Welt zu zweifeln! Wenn der Skeptiker einen solchen Grund benennen wollte, müsste er schon etwas konkreter werden.

L. Das kann der Skeptiker doch leicht tun. Er kann sich eine Geschichte ausdenken wie in *Matrix*.

Ph. Das hat man auch lange vor dem Film getan. Bei Hilary Putnam, einem amerikanischen Philosophen, hört sich das so an: Könnte es nicht sein, dass ein böser Wissenschaftler uns im Schlaf das Gehirn entnommen und in einen Tank mit Nährlösung verpflanzt hat, um nun die Nervenenden mithilfe eines Supercomputers so zu reizen, dass wir gar nichts merken?

L. Sehen Sie. Da haben Sie einen konkreten Grund zum Zweifeln!

Ph. Glaube ich nicht. Wir müssen das nur genauso ernst nehmen wie am Anfang unseres Gesprächs die Traumhypothese. Kann man denn wirklich Gehirne entnehmen und am Leben erhalten? Nein. Hat man denn Computer und Programme, die auch nur annähernd eine entsprechende Simulation zustande bringen würden? Nein. Und so weiter.

L. Das könnte alles noch entwickelt werden.

Ph. Vielleicht, vielleicht auch nicht. Der Skeptiker möchte doch sagen: Nach allem, was ich weiß, könnte es auch sein, dass ich ein Gehirn im Tank bin. Aber ist es nicht vielmehr so, dass ich, nach allem, was ich weiß, *kein* Gehirn im Tank sein kann? Jedenfalls haben wir im Moment auch keine sehr viel deutlichere Vorstellung von dieser Täuschungsmöglichkeit als von einem bösen Dämon: Irgendetwas, von dem wir nicht wissen, was es genau sein soll, könnte uns auf eine Weise täuschen, die wir uns nicht genau vorstellen können. Das ist kein guter Grund zum Zweifeln. Das ist einfach ein Hinweis auf die triviale Aussage, dass meine Überzeugungen über die Welt falsch sein könnten.

L. Warum ist das trivial?

Ph. Weil niemand behauptet, dass Aussagen über die Welt *notwendigerweise* wahr sind. Und dass sie falsch sein könnten, ist nur eine andere Art, zu sagen, dass sie nicht notwendigerweise wahr sind. Der Skeptiker gibt also eigentlich keinen Grund, zu glauben, dass unsere Überzeugungen über die Welt tatsächlich falsch sind. Er weist uns nur darauf hin, dass sie letztlich nicht auf Gründen beruhen. Aber das ist mit den skeptischen Zweifeln letztlich auch so.

L. Sie meinen, weil der Skeptiker auch auf Überzeugungen über die Welt zurückgreifen müsste, um Gründe für seine Zweifel zu geben?

Ph. So ist es. Und wenn er alles in Zweifel ziehen will, findet er keine Gründe mehr für seine Zweifel.

L. Das ist also wieder wie bei »Vier gewinnt«: Wer anfängt, gewinnt. Wenn man all unsere Überzeugungen über die Welt auf einmal betrachtet, findet man keine Gründe mehr, die diese Überzeugungen stützen. Aber man findet auch keine, um sie zu bezweifeln. Und wer ist zuerst am Zug?

Ph. Man kann gar nicht anders, als mit ganz vielen unbezweifelten Überzeugungen anzufangen. Und dann prüfen wir diese Überzeugungen aneinander. Das kann zum Glück dazu führen, dass man die eine oder andere Überzeugung korrigiert. Es kann eigentlich nicht dazu führen, dass man vernünftigerweise alle Überzeugungen auf einmal infrage stellt.

L. Man kann sich aber letztlich doch nie am eigenen Schopf aus dem Sumpf ziehen!

Ph. Man kann sich aber auch nicht am eigenen Bein hineinziehen!

L. Interessant.

Fünfte Gesprächsnotiz

Wann eine Überzeugung als gerechtfertigt gilt, scheint von den Umständen abzuhängen. Ist es uns sehr wichtig, dass eine Überzeugung wahr ist, so betrachten wir oft Gründe nicht als ausreichend, die wir sonst problemlos akzeptieren. Legt der Skeptiker also einfach übertrieben hohe Standards an? Es sieht nicht so aus, denn anscheinend haben wir **gar keine** Gründe für all unsere Überzeugungen auf einmal. Aber brauchen wir die überhaupt? Ein vernünftiger Mensch betrachtet manche Überzeugungen ohne Gründe als vernünftig und manche Zweifel ohne Gründe als unvernünftig. Universelle Gründe für Zweifel scheint es aber nicht zu geben. Skeptische Hypothesen liefern jedenfalls kaum universelle Gründe für Zweifel, denn dazu sind sie zu unbestimmt.

Was gibt es?

Gegenstände und Eigenschaften

Leser Als wir am Montag angefangen haben zu philosophieren, war meine erste Idee, dass die Philosophie sich vor allem mit dem Sinn des Lebens beschäftigt. Aber wissen Sie, es gibt noch etwas anderes, was ich mit Philosophie verbinde und was bisher gar nicht zur Sprache gekommen ist: In Goethes *Faust* wünscht sich Faust doch, zu erkennen, »was die Welt im Innersten zusammenhält«. Eigentlich habe ich immer geglaubt, dass Philosophen sich auch mit dieser Frage beschäftigen.

Philosoph Das tun sie. Allerdings versuchen auch Naturwissenschaftler, vor allem vielleicht die Physiker, zu klären, was die Welt im Innersten zusammenhält.

L. Ich hätte sowieso gedacht, dass es eine tiefe Verbindung zwischen Philosophie und Physik gibt.

Ph. Das würde ich nicht bestreiten. Aber es ist eher irreführend, diese Verbindung besonders stark zu betonen. Die Philosophie geht die besagte Frage nämlich ganz anders an als die Physik. Was meinen Sie übrigens mit »was die Welt im Innersten zusammenhält«?

L. Woraus die Welt letztlich besteht und was ihr Ursprung ist.

Ph. Diese Fragen kann man tatsächlich sowohl als physikalische als auch als philosophische Fragen auffassen, wobei man beide Aspekte, gerade am Anfang der Philosophie, gemeinsam behandelt hat. Die ersten Naturphilosophen haben nach einem Grundstoff und einem Grundprinzip der Welt gefragt. Thales hat zum Beispiel angeblich gesagt, dass alles aus Wasser ist oder entsteht, und Empedokles hat bekanntlich vier Elemente angenommen: Erde, Wasser, Feuer und Luft.

L. Das hört sich tatsächlich ein bisschen nach Physik oder Chemie an.

Ph. Heute ist die Suche nach Elementarteilchen und grundlegenden Naturgesetzen eine rein naturwissenschaftliche, keine philosophische Angelegenheit. Und auch kosmologische Fragen nach dem Ursprung und der Entwicklung des Universums gehören hauptsächlich in die Physik.

L. Bleibt dann überhaupt noch etwas für die Philosophie übrig von der Frage, was die Welt im Innersten zusammenhält?

Ph. Eine ganze Menge! Die Physik, aber auch die anderen Wissenschaften arbeiten nämlich mit bestimmten, grundlegenden Begriffen, die uns Rätsel aufgeben, wenn wir genauer über sie nachdenken: Gegenstand, Naturgesetz, Kausalität, Raum und Zeit etc. Nehmen wir einmal an, die Physik würde uns sagen, aus welchen Elementarteilchen die Materie aufgebaut ist. Dann muss man immer noch fragen: Was ist das überhaupt, ein Elementarteilchen? Oder generell: Was ist ein Gegenstand eigentlich?

L. Die Frage verstehe ich nicht. Was soll ein Gegenstand schon sein? Ein Gegenstand ist eben ein Gegenstand.

Ph. Gerade bei einem Elementarteilchen scheint doch gar nicht so klar zu sein, was mit »Teilchen« genau gemeint ist. Denken Sie an die Schwierigkeiten, in die man gerät, wenn man die Quantentheorie interpretieren will. Teilchen haben dann plötzlich auch Eigenschaften einer Welle. Aber selbst in Bezug auf ganz gewöhnliche Gegenstände, wie Tische,

Eier und Topfpflanzen, gibt es Probleme. Überlegen Sie nur einmal, wie sich ein Gegenstand zu seinen Eigenschaften verhält.

L. Er hat sie, würde ich sagen.

Ph. Die Frage ist dann aber: Was heißt »er«? Und es scheint erst einmal so, als gäbe es nur zwei gleichermaßen problematische Antworten: Entweder ein Gegenstand besteht aus seinen Eigenschaften *und* etwas Zugrundeliegendem, was diese Eigenschaften hat, was aber für sich genommen dann eigenschaftslos ist.

L. Es kann doch nichts geben, was keine Eigenschaften hat.

Ph. Das ist jedenfalls eine ziemlich problematische Vorstellung. Die Alternative wäre aber, dass ein Gegenstand nichts anderes ist als die Summe seiner Eigenschaften. Und das wäre auch komisch. Man fragt sich: *Was* hat denn dann die ganzen Eigenschaften, wenn es nicht etwas Zugrundeliegendes gibt, das für sich genommen keine Eigenschaften hat? Wir sagen doch zum Beispiel: »Der Stuhl ist gelb«, »Der Stuhl hat vier Beine«, »Der Stuhl ist aus Holz« und so weiter. Was ist denn da gelb, hat vier Beine, ist aus Holz und so weiter?

L. Der Stuhl eben.

Ph. Aber wir fragen uns ja gerade, was das ist: der Stuhl.

L. Warum sollte das nicht einfach das sein, was herauskommt, wenn man die ganzen Eigenschaften zusammennimmt?

Ph. Sie meinen, so wie beim Wetter: Wenn man sagt, »es regnet«, »es ist kalt« und »es ist windig«, dann meint man auch nicht, dass es da noch eine Sache gibt, die regnet, kalt ist und windig. Schlechtes Wetter ist einfach die Summe der genannten Eigenschaften.

L. Ähm, nein, so habe ich das eigentlich nicht gemeint: Das Wetter ist ja kein Gegenstand.

Ph. Dann müsste man aber irgendwie erklären, wie die zusammen vorliegenden Eigenschaften einen Gegenstand bilden, ohne dass es etwas Zugrundeliegendes gibt. Anders gesagt: Was unterscheidet einen Stuhl vom Wetter?

L. Eine wirklich verrückte Frage …

Ph. Und selbst wenn man eine gute Antwort findet, führt die Vorstellung, dass ein Gegenstand die Summe seiner Eigenschaften ist, zu seltsamen Ergebnissen: Es gäbe dann nämlich keine Unterscheidung mehr zwischen den wesentlichen Eigenschaften eines Gegenstandes, mit dessen Verlust der Gegenstand aufhört zu existieren, und seinen zufälligen Eigenschaften, die sich verändern, wenn der Gegenstand sich verändert. Dass der Stuhl beispielsweise gelb ist, wäre dann eine *notwendige* Eigenschaft des Stuhls. Er könnte dann gar nicht *nicht* gelb sein.

L. Wieso denn das?

Ph. Wenn der Stuhl gerade dieses gelbe, vierbeinige, hölzerne etc. Ding ist, dann hört er auf, zu sein, was er ist, wenn er eine dieser Eigenschaften verliert. Wenn ich den Stuhl also rot anstreiche, ist es ein anderer Stuhl. Das möchte man nicht sagen, oder?

L. Nein, eigentlich nicht.

Ph. Und man möchte vielleicht auch nicht sagen, dass zwei Dinge schon allein deshalb miteinander identisch sind, weil sie in allen Eigenschaften miteinander übereinstimmen. Denken Sie an zwei Eier: Es bleiben doch zwei, auch wenn sie die gleiche Form, Farbe und so weiter haben.

L. Aber wenn es zwei Eier sind, können sie zumindest nicht an der gleichen Stelle sein.

Ph. Das stimmt, aber eine Stelle, also ein Ort, lässt sich selbst vielleicht nur im Verhältnis zu einem Gegenstand bestimmen – also z.B. »1 km westlich vom Chinesischen Turm« –, und das würde das Problem dann nur verschieben, weil man sich zur Charakterisierung eines Gegenstandes wieder auf einen anderen Gegenstand beziehen müsste. Oder man müsste einen absoluten Raum annehmen mit Orten, die verschieden sind, ohne aber verschiedene Eigenschaften zu haben. Und das ist so ähnlich wie ein eigenschaftsloses Zugrundeliegendes anzunehmen.

L. Dann meinen Sie, dass an der Idee eines solchen »eigenschaftslosen Zugrundeliegenden« doch etwas dran ist?

Ph. Vielleicht. Aber, wie wir schon sagten: Das ist ebenfalls eine seltsame Vorstellung, weil dieses Zugrundeliegende dann so gar nicht zugänglich wäre – jedenfalls nicht durch irgendeine Art von Wahrnehmung. Außerdem scheint das Zugrundeliegende für sich genommen doch immer Eigenschaften zu haben, sogar notwendige Eigenschaften: Es hat beispielsweise die Eigenschaft, das zu sein, was die ganzen »gewöhnlichen« Eigenschaften hat, es hat die Eigenschaft, mit sich selbst identisch zu sein, und einiges mehr. Wenn aber auch das Zugrundeliegende für sich genommen Eigenschaften hat, dann müsste es wieder ein dem Zugrundeliegenden Zugrundeliegendes geben, von dem *diese* Eigenschaften ausgesagt werden.

L. Mir wird langsam schon ein bisschen schwindlig, muss ich sagen.

Ph. Es ist eben gar nicht so einfach, aus den Problemen wieder herauszukommen, in die man hineingerät, wenn man so grundlegende Begriffe wie den des Gegenstandes hinterfragt.

L. Wird es einfacher, wenn man stattdessen mit dem Begriff der Eigenschaft anfängt?

Ph. Der Begriff der Eigenschaft ist leider genauso vertrackt. Egal, ob man annimmt, dass Eigenschaften für sich genommen existieren, oder nicht: Man gerät in Schwierigkeiten. Schon Platon und Aristoteles waren sich hier uneinig, der berühmte mittelalterliche Universalienstreit handelt davon, und das Problem wird bis heute diskutiert.

L. Wie könnten Eigenschaften für sich genommen existieren? Es gibt doch kein »Gelb an sich«, sondern immer nur gelbe Stühle, gelbe Bananen und so weiter. Eine Eigenschaft ist immer etwas, was irgendein Gegenstand hat.

Ph. Das sollte man meinen. Und es gibt auch ein wichtiges methodisches Prinzip, das besagt, man solle möglichst nicht mehr Entitäten, also Dinge, die existieren, annehmen als nötig, also nicht noch »das Gelbe« neben den gelben Stühlen und Bananen. Man spricht hier von »Ockhams Rasiermesser«, mit dem die unnötigen Entitäten, zum Beispiel »das Gelbe«, abgeschnitten werden. Aber wie erklärt man zum Beispiel die Bedeutung von Sätzen wie »Klugheit ist eine Tugend«. Hier scheint man sich doch direkt auf die Eigenschaft *Klugheit* zu beziehen und etwas über sie zu sagen. Worauf sollten wir uns hier beziehen, wenn es die Eigenschaft nicht für sich genommen gibt?

L. Schwer zu sagen.

Ph. Mit solchen Rätseln setzen sich Philosophen auseinander, wenn sie fragen, was die Welt im Innersten zusammenhält. – Diese Disziplin der Philosophie heißt übrigens Metaphysik.

Erste Gesprächsnotiz

Die Frage, was die Welt im Innersten zusammenhält, ist eine philosophische Frage – in gewisser Hinsicht jedenfalls. Es geht dabei allerdings nicht um die physikalische Frage nach den elementaren Gegenständen, aus denen sich die Wirklichkeit zusammensetzt, den fundamentalen Naturgesetzen sowie der kosmologischen Beschreibung von Entstehung und Entwicklung des Universums. Im Zentrum stehen vielmehr bestimmte Rätsel, die sich ergeben, wenn man dort weiterfragt, wo die Naturwissenschaften aufhören: Was ist eigentlich ein Gegenstand? Wie verhält er sich zu seinen Eigenschaften? Gibt es die Eigenschaften unabhängig vom Gegenstand? Das sind einige der metaphysischen Fragen nach »dem Innersten der Welt«.

Geist und Welt

L. Die Physik fragt also, aus welchen Gegenständen die Welt letztlich besteht, und die Metaphysik fragt, was Gegenstände eigentlich sind?

Ph. Unter anderem. Die Metaphysik stellt ganz allgemein die Frage, was es gibt und was es überhaupt heißt, zu sein. Es gibt aber nicht nur unbelebte Gegenstände, wie Elementarteilchen, sondern auch belebte Gegenstände und Personen. Außerdem gibt es nicht nur konkrete Gegenstände, sondern vielleicht auch abstrakte Gegenstände (wie Mengen und Zahlen), nicht nur Einzelgegenstände, sondern auch Universalien (wie die Eigenschaft der Klugheit), nicht nur Dinge, sondern auch Tatsachen und Ereignisse (wie den Beginn der Winterzeit), Raum und Zeit, Schatten und Löcher. Bei manchen Sachen ist auch nicht so ganz klar, in welche Kategorie sie gehören, etwa bei Kunstwerken. Hier muss man zuerst einmal Ordnung schaffen, und dann gibt es in Bezug auf vieles wieder ähnlich komplexe Rätsel wie diejenigen, die wir eben kurz betrachtet haben.

L. Ich sehe schon: Die Frage danach, was die Welt im Innersten zusammenhält, ist vielfältiger, als ich gedacht habe.

Ph. Und Sie verstehen jetzt vielleicht auch, warum die Verbindung zu den Naturwissenschaften, insbesondere zur Physik, nicht ganz so eng ist. Es gibt zwar Fragen, die von gemeinsamem Interesse sind, etwa die nach der Natur von Raum, Zeit und Kausalität. Aber im Wesentlichen beschäftigt sich die Metaphysik eben doch mit eigenständigen Fragen, die sich aus den grundlegenden Begriffen ergeben, mit denen wir die Welt erfassen.

L. Wenn Sie das so sagen, hört es sich allerdings an, als ginge es gar nicht darum, was die *Welt* im Innersten zusammenhält, sondern eher darum, wie *wir* die Welt beschreiben.

Ph. Das ist ein echtes Problem. Metaphysiker sind sich nämlich tatsächlich nicht einig darüber, ob sie in erster Linie unsere Begriffe – und damit letztlich unser Denken oder gar »nur« unsere Sprache – untersuchen oder doch die Struktur der Welt selbst.

L. Hat denn die Welt überhaupt eine Struktur? Ich meine: Hängt nicht alles davon ab, wie wir die Welt betrachten?

Ph. Das ist gerade die eine Position, der zufolge wir der Welt durch unser Denken sozusagen eine Struktur aufprägen. Auf der einen Seite wäre dann ein Ding an sich, wie Kant das nennt, auf der anderen Seite wir und das Netz unserer Begriffe (oder, bei Kant, ein System von grundlegenden Kategorien), mit dem wir das Ding an sich erfassen. Eine noch extremere Sichtweise – die der Idealisten – wäre dann die, dass die Welt überhaupt nur in unserem Geist existiert.

L. Das kommt mir komisch vor. Aber die Vorstellung, dass wir der Welt unsere Begriffe irgendwie aufprägen, finde ich schon plausibel.

Ph. Es könnte allerdings doch auch sein, dass wir die Struktur der Welt, wie sie an sich selbst ist, durch unsere Begriffe lediglich erfassen. Schließlich haben sich unsere Begriffe vermutlich anhand unserer Auseinandersetzung mit der Welt entwickelt.

L. Vielleicht sind die Begriffe ja angeboren.

Ph. Aber auch dann haben sie sich – nach allem, was wir wissen – im Lauf der Evolution entwickelt und wären somit an die Welt angepasst. Unsere Begriffe würden darum im Idealfall die Struktur der Welt richtig repräsentieren. Und die Metaphysik könnte die Struktur der Welt erforschen, *indem* sie unsere Begriffe erforscht – jedenfalls insoweit wir mit unserer Sicht der Dinge richtigliegen.

L. Aber wie sollten wir überprüfen, ob wir richtigliegen? Dazu müssten wir sozusagen unsere Sicht der Dinge mit den Dingen selbst vergleichen können. Und das geht doch nicht. Wir können ja nicht aus unserer Haut heraus.

Ph. Das führt uns zurück auf unsere gestrigen Überlegungen zur skeptischen Herausforderung. Tatsächlich ist die Gegenüberstellung eines erkennenden Subjekts und eines erkannten Objekts gerade der Ausgangspunkt der modernen skeptischen Überlegungen. Es gibt aber auch Philosophen, die genau diese Gegenüberstellung schon für falsch oder jedenfalls zu einseitig halten, Martin Heidegger zum Beispiel.

L. Was sollte daran falsch sein? Wir stehen der Welt doch nun einmal als Betrachter gegenüber.

Ph. Aber wir sind nicht nur erkennende Subjekte. Wir haben auch einen Körper, und bevor wir uns fragen, wie wir die Welt erkennen können, leben wir schon in der Welt und gehen mit ihr um.

L. Hilft das, die Kluft zwischen uns und der Welt zu überbrücken?

Ph. So eine Kluft gibt es ja nur dann, wenn man davon ausgeht, dass wir irgendwie etwas Außerweltliches sind und insofern der Welt gegenüberstehen, ein reines Bewusstsein sozusagen, das von der Welt nur Eindrücke hat, so dass dann natürlich die Frage auftaucht, ob diese Eindrücke die Dinge zeigen, wie sie wirklich sind. Wenn man sich aber klarmacht, dass wir selbst zur Welt gehören und in ihr leben und handeln – als Wesen aus Fleisch und Blut, nicht nur als reiner Geist –, dann erscheint eher die Subjekt-Objekt-Trennung als eine falsche Abstraktion.

L. Wenn ich Sie richtig verstehe, geht es hier letztlich darum, was es eigentlich heißt, ein Mensch zu sein.

Ph. Genau. Und das ist eine metaphysische Frage, die sich nicht nur stellt, wenn wir über unser Verhältnis zur Welt überhaupt nachdenken, sondern auch wenn wir uns speziell über das Verhältnis zwischen Geist und Körper, Leib und Seele Gedanken machen.

L. Das interessiert mich jetzt doch genauer.

Zweite Gesprächsnotiz

Die Metaphysik stellt die Frage, was es gibt und was es überhaupt heißt, zu sein. Ob es bei dieser Untersuchung um unsere grundlegenden Begriffe geht oder um die Welt selbst, ist umstritten. Man ist hier mit der Frage konfrontiert, wie sich Geist und Welt generell zueinander verhalten: Prägen wir einem Ding an sich nur unsere Begriffe auf? Existiert die Welt gar nur im Geist? Oder erfassen wir mit unseren Begriffen die Welt, wie sie wirklich ist (vielleicht weil wir unsere Begriffe in einer Auseinandersetzung mit der Welt gewonnen haben)? Aber wie könnten wir das feststellen? Vielleicht ist schon die zugrundeliegende Vorstellung eines Gegensatzes zwischen erkennendem Subjekt und erkanntem Objekt irreführend. Wir sind nicht nur erkennende Subjekte, die der Welt einfach gegenüberstehen, sondern selbst Teil der Welt.

Leib und Seele

Ph. Dass das Verhältnis zwischen Körper und Geist nicht ganz unproblematisch ist, zeigt sich schon daran, dass der Geist, anders als der Körper, scheinbar nur von innen, jedenfalls aber von innen in einer besonderen Weise zugänglich ist. Ich kann den Körper anderer Menschen sehen, aber zu ihrem Geist habe ich, wie es scheint, keinen direkten Zugang. Den habe ich nur zu meinem eigenen Geist.

L. Was meinen Sie mit »keinen direkten Zugang«? Dass wir nie wirklich wissen, was andere denken?

Ph. So würde das jedenfalls der Skeptiker sehen oder sogar noch extremer: Wir wissen nicht einmal, *ob* andere Menschen überhaupt einen Geist haben. Es könnte doch sein, dass alle anderen Menschen nur kunstvolle Maschinen sind – wie der *Terminator* – oder Zombies, in denen bei ihren Handlungen nichts vorgeht.

L. Ist das wieder eine Form der skeptischen Herausforderung, wie wir sie gestern diskutiert haben?

Ph. Ja, nur eingeschränkt auf einen bestimmten Bereich. Durch die Dämonen-Hypothese stellen wir all unser Wissen infrage, durch die Maschinen- oder Zombie-Hypothese nur unser Wissen über den Geist anderer Menschen. Es gibt noch einige weitere eingeschränkte skeptische Herausforderungen.

L. Und Sie würden vermutlich wieder sagen, dass diese Hypothesen nicht konkret genug beschrieben sind, um wirklich Gründe für Zweifel zu liefern?

Ph. Genau. Wenn man diese Hypothesen ernst nimmt, werden sie lächerlich. Könnten meine Mitmenschen denn *wirklich* Zombies sein? Eine Definition von »Zombie«, die ich einmal gelesen habe, lautet: »Tumb umherirrender Untoter mit Lust auf Menschenfleisch.« Solche Leute würden doch auffallen.

L. Aber *woher* wissen wir eigentlich, dass und was andere denken?

Ph. Wir wissen natürlich häufig, was andere Menschen denken, weil sie es uns sagen und wir keine Gründe haben, ihre Aufrichtigkeit zu bezweifeln. Oft können wir es auch an ihrem Verhalten ablesen. Aber es stimmt schon: Zu unserem eigenen Geist haben wir einen Zugang, den wir zum Geist anderer nicht haben – von innen eben.

L. Ich muss mich jedenfalls nicht erst fragen, was ich denke, bevor ich weiß, was ich denke, oder mein Verhalten beobachten.

Ph. Und mit den Empfindungen, wie Schmerz oder Lust, scheint es ebenso zu sein: Die eigenen sind einem in besonderer Weise gegeben. Es fühlt sich irgendwie an, eine Empfindung zu haben. Deshalb kann ich die Empfindungen von niemandem so haben wie meine eigenen – auch wenn ich natürlich wissen kann, welche Empfindungen andere Menschen haben.

L. Wenn sie uns sagen, was sie empfinden, oder wenn ich es aus ihrem Verhalten erschließen kann.

Ph. So ist es. Aber ihre Empfindungen selbst scheinen mir nicht direkt durch Beobachtung zugänglich zu sein, ebenso wenig wie ihre Gedanken – und ganz anders als ihr Körper, den ich durchaus beobachten kann. Diese erkenntnistheoretischen Überlegungen legen darum die Vorstellung nahe, dass der Geist prinzipiell etwas vom Körper Unterschiedenes und Eigenständiges ist. Das nennt man eine dualistische Sichtweise.

L. Dann würde der Mensch quasi aus zwei Teilen bestehen?

Ph. Ja, vielleicht sogar so, dass ein Teil – der Geist – ohne den anderen existieren könnte. Erinnern Sie sich an unser erstes Gespräch, als wir über den Sinn eines endlichen Lebens gesprochen haben? Überlegungen zur Unsterblichkeit der Seele setzen gerade bei einem solchen Dualismus von Leib und Seele an.

L. Aber so ganz unabhängig kann beides ja nicht sein. Immerhin merke ich, was mit meinem Körper passiert: Wenn mich jemand in den Körper zwickt, tut es mir im Geist weh, sozusagen.

Ph. Und ganz offensichtlich sind geistige Vorgänge von körperlichen begleitet. Wenn ich etwas denke, scheint das immer mit irgendwelchen Vorgängen im Gehirn verbunden zu sein. Man kann das mittlerweile ziemlich detailliert mit neurowissenschaftlichen Experimenten untersuchen, und dass Gehirnverletzungen auf unser Denken und Empfinden Einfluss haben, ist schon lange klar.

L. Das wäre alles schwer verständlich, wenn der Geist unabhängig vom Körper wäre.

Ph. Manche Philosophen sind darum auch Physikalisten, das heißt, sie glauben, dass geistige Vorgänge letztlich nichts anderes als physikalische Vorgänge sind. Manchmal nennt man sie auch einfach »Materialisten«, weil sie den Geist auf die Materie reduzieren möchten.

L. Das kommt mir jetzt auch wieder ein bisschen extrem vor. Schließlich war es doch ein wichtiger Gedanke, dass wir zwar zum Körper des anderen, letztlich sogar zu seinem Gehirn, nicht aber zu seinen Empfindungen einen direkten Zugang haben. Die Empfindungen liegen doch irgendwie auf einer anderen Ebene.

Ph. Es ist allerdings nicht leicht, einen Mittelweg zwischen Dualismus und Materialismus zu finden. Wir haben wieder so einen Fall von »Es ist doch nicht so, aber es muss doch so sein« vor uns. Egal, ob man die Identität oder die Verschiedenheit von Körper und Geist annimmt, hat man ein Problem.

L. Kann man diese Frage nicht wissenschaftlich klären? Durch Experimente?

Ph. Dass geistige Vorgänge mit Vorgängen in unserem Gehirn einhergehen, sagen ja sowohl Materialisten als auch Dualisten. Wie sollte also ein Entscheidungsexperiment aussehen?

L. Weiß ich nicht. Aber wie könnte man sonst zu einer Lösung des Problems kommen?

Ph. Vielleicht ist schon die Frage nach dem Verhältnis von Geist und Körper irreführend gestellt. Vielleicht geht sie von einer falschen Unterscheidung aus. Wir sind nicht Körper *und* Geist oder *nur* Körper oder *nur* Geist, sondern Personen mit körperlichen und geistigen Eigenschaften.

L. Das ist leichter gesagt als verstanden, finde ich. Zumal doch vor allem die Wechselwirkung zwischen Körper und Geist rätselhaft ist.

Ph. Das gebe ich zu. Vor allem, wenn man bedenkt, dass nicht nur das Körperliche Einfluss auf das Geistige hat, sondern auch umgekehrt: Unser Geist – unser Denken, Fühlen und Wünschen – hat offenbar Einfluss auf unseren Körper, nämlich indem er bestimmt, was wir tun.

L. Wenn das nicht alles schon auf der körperlichen Ebene festgelegt ist.

Ph. Ah, Sie wollen auf das Problem der Willensfreiheit hinaus.

Dritte Gesprächsnotiz

Der Geist anderer Menschen scheint uns, anders als unser eigener Geist, nur indirekt zugänglich zu sein. Folglich findet der Skeptiker hier einen Ansatzpunkt. Auch wenn man der skeptischen Herausforderung begegnen kann, bleibt die Beobachtung bestehen, dass das Geistige auf einer anderen Ebene als das Körperliche zu liegen scheint. Sollte man also eine Dualität von Körper und Geist annehmen (und vielleicht sogar die Unsterblichkeit der Seele)? Oder sind Körper und Geist doch identisch, und zwar so, dass letztlich alles materiell ist? Oder ist die Frage nach dem Verhältnis von Körper und Geist falsch gestellt, weil wir weder Körper noch Geist noch eine Verbindung aus beidem sind, sondern Personen, die lediglich körperliche und geistige Eigenschaften haben?

Willensfreiheit

L. Glauben Sie denn, dass wir einen freien Willen haben?

Ph. Ich stelle mal die Gegenfrage: Warum sollten wir denn keinen freien Willen haben?

L. Weil es sein könnte, dass alles vollständig vorherbestimmt ist.

Ph. Nehmen wir ein Beispiel: Ich stehe vor der Frage, ob ich heute Abend ins Kino gehen soll oder lieber zu Hause ein Buch lesen, und ich entscheide mich für das Kino. Wodurch soll meine Entscheidung vorherbestimmt sein?

L. Vielleicht durch Ihre Erziehung oder Ihre Erbanlagen. Letztlich wahrscheinlich durch die Vorgänge in Ihrem Gehirn. Das ist doch alles determiniert.

Ph. Das ist nicht so klar, würde ich sagen. Aber vor allem stellt sich die Frage, ob vollständige Determination Willensfreiheit überhaupt ausschließt. Die philosophische Diskussion dreht sich eigentlich hauptsächlich um diese Frage.

L. Wie kann man darüber diskutieren? Es ist doch offensichtlich, dass wir keinen freien Willen haben, wenn schon alles vorherbestimmt ist.

Ph. Wieso glauben Sie das?

L. Wenn schon vorher klar war, dass Sie sich für das Kino entscheiden, dann kann man doch kaum sagen, dass Sie sich frei entschieden haben.

Ph. Kommt eben darauf an, was Willensfreiheit letztlich ist.

L. Dass man tun kann, was man will.

Ph. Das wäre Handlungsfreiheit, nicht Willensfreiheit. Die spannende Frage ist, ob der Wille selbst frei ist, ob man also in seinen Entscheidungen, nicht nur in seinen Handlungen, frei ist.

L. Dann eben, dass man wollen kann, was man – was man will?

Ph. Es ist gar nicht so einfach zu klären, was mit Willensfreiheit gemeint ist. Dass es nicht möglich ist, sich die eigenen Wünsche und Vorlieben noch einmal völlig frei auszusuchen, kann wohl kaum gegen die Freiheit unseres Willens sprechen. Nach welchen Kriterien sollte man überhaupt noch wählen, wenn man sich auch seine Wünsche und Vorlieben aussuchen müsste?

L. Vielleicht hat man dann frei entschieden, wenn man das wählt, was man *eigentlich* will? Ich meine, auch wenn es gewissen eigenen Wünschen und Vorlieben widerspricht. So ähnlich hatten wir das doch am Montag und Dienstag gesagt.

Ph. Dann müsste man jetzt allerdings wirklich genauer sagen, was mit »eigentlich wollen« gemeint ist. Ein Vorschlag wäre: Man will das eigentlich, was man selbst für richtig, also für das Beste hält.

L. Hört sich ganz plausibel an.

Ph. Dann hätte man allerdings das Problem, dass alle willensschwachen Entscheidungen automatisch unfrei wären. Denn da entscheidet man sich gerade für das, was man selbst nicht für das Beste hält. Und das wäre schon seltsam, solche Entscheidungen immer als unfrei zu betrachten, wo man doch die Menschen vor allem für ihre willensschwachen Entscheidungen zur Verantwortung ziehen möchte.

L. Das stimmt natürlich. Und man könnte jemanden nicht zur Verantwortung ziehen, der sich gar nicht frei entschieden hat.

Ph. »Sollen impliziert Können« hat jedenfalls Kant gemeint. Es hat keinen Sinn, etwas von jemandem zu verlangen, was er gar nicht tun kann. Aber man würde eben denken, dass der Willensschwache sich auch hätte anders entscheiden können.

L. Ist das nicht eine gute Charakterisierung von Willensfreiheit: Man ist dann in seiner Entscheidung frei, wenn man sich auch anders hätte entscheiden können, und unfrei, wenn das nicht der Fall ist. Es muss einfach so sein, dass man in einer bestimmten Situation mindestens zwei Möglichkeiten hat, so dass man, egal welche man wählt, auch die andere hätte wählen können.

Ph. Vielleicht gibt es allerdings Gegenbeispiele gegen dieses »Prinzip der alternativen Möglichkeiten«. Harry Frankfurt führt folgendes Szenario an: Stellen Sie sich vor, ein Wissenschaftler könnte die Vorgänge, die in meinem Gehirn stattfinden, während ich mich dazu entscheide, ins Kino zu gehen, genau beobachten und nötigenfalls auch beeinflussen. Der Wissenschaftler schaut aber nur zu, er tut nichts. Aber wenn ich mich nach reiflicher Überlegung für das Zuhausebleiben entschieden hätte, dann hätte er eingegriffen, und zwar so, dass ich letztlich doch das Kino gewählt hätte.

L. Und Sie würden sagen, dass Sie sich in diesem Fall durchaus frei entschieden haben, ins Kino zu gehen …

Ph. … obwohl ich mich nicht hätte anders entscheiden können!

L. Hm, könnte sein. Wobei das natürlich ein bisschen so ist, als würde man jemanden, der an einen Stuhl gefesselt ist, als frei bezeichnen, nur weil er zufällig sowieso gerade am liebsten sitzen bleiben möchte.

Ph. Das Beispiel ist aus verschiedenen Gründen sehr umstritten. Aber es zeigt immerhin, dass es nicht so klar ist, ob Andersentscheidenkönnen für Willensfreiheit wirklich zentral ist. Diejenigen, die glauben, dass Willensfreiheit mit einem vollständigen Determinismus vereinbar ist, würden es bestreiten; diejenigen, die das nicht glauben, würden versuchen, das Beispiel weiter zu analysieren. Manche Philosophen würden aber sogar sagen, dass Willensfreiheit den Determinismus voraussetzt!

L. Wieso denn das?

Ph. Weil man denken könnte, dass die Alternative zum Determinismus die Herrschaft des Zufalls ist. Nehmen wir an, die grundlegenden Naturgesetze determinieren gar nicht alles.

L. Sie denken an die Quantentheorie?

Ph. Zum Beispiel. Aber man könnte sich auch vorstellen, dass bestimmte Phänomene einfach nicht nach Gesetzen verlaufen. Dass es Naturgesetze gibt, heißt ja nicht, dass alles nach Naturgesetzen verläuft. Aber ein Spielraum in der Determination durch Naturgesetze würde der Willensfreiheit zunächst einmal gar nichts helfen.

L. Sie meinen, weil dann all das einfach zufällig geschieht, was durch die Naturgesetze nicht festgelegt ist?

Ph. Genau. Und wir wären doch auch nicht frei, wenn unsere Entscheidungen einfach zufällig zustande kämen. Irgendwie scheint es entscheidend für Willensfreiheit zu sein, dass wir nicht nur die Urheber unserer Entscheidungen sind, sondern dass wir auch die Kontrolle über sie haben. Und dazu scheint eine bestimmte Determiniertheit notwendig zu sein.

L. Aber wenn alles determiniert ist, dann entscheiden doch nicht wir, sondern eigentlich entscheidet dann unser Gehirn.

Ph. Dass hört sich ein bisschen an wie »nicht wir, sondern unser Körper geht eigentlich ins Schwimmbad«. Wir können natürlich nicht zu Hause bleiben, wenn unser Körper ins Schwimmbad geht, aber das heißt nicht, dass *eigentlich* unser Körper ins Schwimmbad geht. Wenn in unserem Gehirn gewisse Prozesse ablaufen, können wir sicher nicht unabhängig davon eine Entscheidung treffen. Aber das bedeutet nicht, dass eigentlich unser Gehirn die Entscheidung trifft.

L. Dann sind wir also wieder bei der Frage nach dem Verhältnis zwischen Geist und Körper?

Ph. Das ist tatsächlich die entscheidende Frage. Jedenfalls ist es Unsinn, wenn man so tut, als gäbe es da quasi zwei Akteure – uns und unsere Gehirne –, die irgendwie in Konkurrenz zueinander treten, wenn es darum geht, zu entscheiden.

L. Ich muss sagen: Jetzt haben Sie mich ziemlich verwirrt.

Ph. Das ist gar nicht schlecht, denn tatsächlich ist das Thema verzwickt, und es ist wenig damit gewonnen, zu behaupten, wir seien frei oder unfrei, wenn man nicht vorher klärt, was Willensfreiheit überhaupt ist und, vielleicht noch wichtiger, wer »wir« eigentlich sind. Wenn man sich vorstellt, dass wir eigentlich rein geistige Wesen sind, die irgendwie einen Körper steuern, wird man es schwer haben, Willensfreiheit verständlich zu machen.

Vierte Gesprächsnotiz

Die Beantwortung der Frage, ob wir einen freien Willen haben, setzt die Klärung des Begriffs der Willensfreiheit voraus. Das ist keine einfache Aufgabe; selbst die grundlegende Frage, ob Willensfreiheit und Determinismus miteinander vereinbar sind oder nicht, ist umstritten. Ist derjenige frei, der sich zu dem entscheidet, was er für das Beste hält? Oder nur derjenige, der sich hätte anders entscheiden können? Oder kommt es eher auf die Urheberschaft und Kontrolle des Handelnden an? Ist der Determinismus vielleicht sogar eine Voraussetzung für Willensfreiheit? Die entscheidende Frage scheint letztlich zu sein, wie überhaupt das Verhältnis zwischen unserem Geist und unserem Körper zu bestimmen ist, wie also das Leib-Seele-Problem gelöst werden kann.

Gott

L. Ich würde gerne zum Abschluss unseres heutigen Gesprächs doch noch einmal auf eine Frage zurückkommen, die wir am Anfang nicht aufgegriffen haben: auf die Frage nach dem Ursprung der Welt. Ist das denn wirklich eine rein physikalische Frage geworden?

Ph. Die Anfänge und die Gesamtentwicklung des Universums werden in der Kosmologie diskutiert. Es gibt dann zwar gerade hier einen Übergang zu philosophischen Fragen – wie gesagt, beispielsweise die nach der Natur von Raum und Zeit. Aber im Wesentlichen geht es doch um Physik. Allerdings kann man die Frage nach dem Ursprung der Welt auch in einem noch umfassenderen Sinn verstehen, nämlich, um mit Leibniz zu sprechen, als Frage danach, warum es überhaupt etwas gibt und nicht nichts.

L. Und das ist dann eine philosophische Frage?

Ph. Jedenfalls haben sich viele Philosophen gefragt, ob es nicht einen grundlegenden »Seinsgrund« gibt.

L. Sie meinen: Ob es Gott gibt?

Ph. Wenn man es so nennen möchte.

L. Warum sollte man das Kind nicht beim Namen nennen?

Ph. Weil wir es vielleicht mit einem anderen Kind zu tun haben. In den Überlegungen der Philosophen kommt jedenfalls in der Regel nur ein sehr abstrakter Gott vor, nicht ein – mehr oder minder – anschaulicher Gott wie in den Religionen. Das ergibt sich schon daraus, wie Philosophen auf den Gedanken an Gott kommen.

L. Wie denn?

Ph. Zum Beispiel durch folgende Überlegung: Alles, was passiert, muss eine Ursache haben, oder anders gesagt: Nichts passiert ohne zureichenden Grund. Dieser muss aber seinerseits verursacht sein. Diese Kette kann nicht ins Unendliche fortgehen. Also muss es eine erste Ursache geben, einen »unbewegten Beweger«, wie Aristoteles sagt. Und den könnten wir »Gott« nennen.

L. Das ist tatsächlich ein bisschen abstrakt. Ein religiöser Mensch will vermutlich nicht zu einem »unbewegten Beweger« beten.

Ph. Nein. Und andere Gottesbeweise liefern in dieser Hinsicht auch nicht mehr. Nehmen Sie zum Beispiel den sogenannten »ontologischen Gottesbeweis« von Anselm von Canterbury. Der beginnt mit einem ganz abstrakten Begriff Gottes: Gott ist der, über den hinaus nichts Größeres gedacht werden kann.

L. Abstrakt, aber ganz plausibel. Wie geht der Beweis dann weiter?

Ph. Man nimmt an, dass etwas, was existiert, »größer«, also besser ist als etwas, was nicht existiert. Ein wirklicher Berg aus Gold ist zum Beispiel besser als ein bloß möglicher Berg aus Gold. Würde Gott nicht existieren, dann könnte etwas gedacht werden, was größer ist als er: nämlich ein existierender Gott. Gott ist aber, per definitionem, der, über den hinaus nichts Größeres gedacht werden kann. Also kann er nicht nur möglich sein, sondern muss wirklich existieren.

L. Bei diesem Beweis geht es aber irgendwie nicht mit rechten Dingen zu, oder?

Ph. Schwer zu sagen. Manche würden behaupten, dass hier Existenz fälschlicherweise als eine (und zwar positive) Eigenschaft angesehen wird.

L. Ist es denn keine Eigenschaft von einer Sache, dass sie existiert?

Ph. Man lässt sich da vielleicht von der Form unserer Sprache in die Irre führen. Die Sätze »Sokrates existiert« und »Sokrates lacht« haben die gleiche Form, funktionieren aber ganz unterschiedlich. Der zweite Satz sagt doch etwas über jemanden, den Sokrates, und zwar, dass er lacht. Der erste Satz sagt aber nicht etwas über jemanden, den Sokrates, und zwar, dass er existiert.

L. Warum denn nicht?

Ph. Weil dann der Satz »Sokrates existiert nicht« auch etwas über jemanden, den Sokrates, sagen würde, und zwar, dass er nicht existiert. Aber das wäre in sich widersprüchlich, obwohl der Satz doch einfach wahr sein könnte.

L. Und was schließt man daraus?

Ph. Man schließt, dass die »logische Form« von »Sokrates existiert« eine andere ist als die logische Form von »Sokrates lacht«. Und die logische Form von »Gott existiert« ist eine andere als die von »Gott ist gütig«. Der Unterschied scheint im ontologischen Gottesbeweis unter den Tisch zu fallen.

L. Das ist etwas verwirrend. Aber es stimmt jedenfalls, dass hier wieder ein sehr abstrakter Gottesbegriff im Spiel ist. Was will man mit solchen Gottesbeweisen überhaupt anfangen?

Ph. Für manche Philosophen waren Gottesbeweise rein innerphilosophisch von Bedeutung: Bei Aristoteles etwa im Rahmen seiner Metaphysik, bei Descartes, wie wir gestern gesehen haben, in der Erkenntnistheorie.

L. Ich glaube jedenfalls nicht, dass jemals irgendwer aufgrund der Überlegungen, die Sie mir gerade geschildert haben, zum Glauben an Gott gekommen ist.

Ph. Ich auch nicht. Allerdings war es gerade christlichen Philosophen, wie zum Beispiel Thomas von Aquin, sehr wichtig zu zeigen, dass ihr Glaube nicht im Widerspruch zur Vernunft steht.

L. Das ist mir sympathisch. Auch wenn man religiös ist, sollte man schließlich nicht aufhören, die Vernunft zu gebrauchen.

Ph. Das sehe ich genauso. Zumal viele Philosophen dachten, dass die Vernunft das im Menschen ist, was Gott am ähnlichsten ist. Gott gilt schließlich vielen als rein geistiges Wesen.

L. Ich finde eher die Vorstellung attraktiv, dass Gott irgendwie in allem ist.

Ph. Auch das ist allerdings eine ziemlich abstrakte Gottesvorstellung. Aber vielleicht muss unser Bild von Gott abstrakt sein. Religionskritische Philosophen haben jedenfalls häufig den Vorwurf erhoben, dass wir dazu neigen, uns Gott einfach immer konkret nach unserem eigenen Bild zu denken. Und das sei naiv. Wie schon Xenophanes sagt: Wenn die Rinder Hände hätten, so würden sie die Götter in der Gestalt von Rindern darstellen.

L. Wovon sollten wir in unserem Nachdenken über Gott aber sonst ausgehen, wenn nicht von uns?

Ph. Schwer zu sagen.

Fünfte Gesprächsnotiz

Die Frage nach dem Ursprung der Welt ist eine physikalisch-kosmologische Frage – aber nicht nur. Zum einen sind kosmologische Grundbegriffe, wie Raum und Zeit, Gegenstand philosophischer Untersuchungen. Zum anderen kann die Frage nach dem Ursprung der Welt auch die Frage danach sein, warum überhaupt etwas existiert. Muss es nicht einen ersten »unbewegten Beweger« geben, der Urgrund alles Seins ist? Lässt sich die Existenz Gottes vielleicht sogar aus dem Begriff Gottes ableiten? Verschiedene Philosophen haben versucht, die Existenz Gottes zu beweisen – teils um innerphilosophische Schwierigkeiten (metaphysische und erkenntnistheoretische) zu beseitigen, teils um zu zeigen, dass Glaube und Vernunft miteinander vereinbar sind. Aber auch die Frage nach der Natur Gottes hat die Philosophen immer wieder beschäftigt.

SAMSTAG

Was ist Philosophie?

Drei grundlegende Unterscheidungen

Leser Ich glaube, nach diesen fünf Tagen habe ich schon sehr viel besser verstanden, was es heißt, wie ein Philosoph zu denken. Aber irgendwie fehlt mir noch eine allgemeine Charakterisierung der Philosophie – so etwas wie eine Definition.

Philosoph Da geht es Ihnen wie Sokrates in Platons Dialogen: Seine Gesprächspartner wollen ihm immer nur Beispiele geben von Gerechtigkeit, Freundschaft und so weiter, aber Sokrates insistiert, dass er keine Beispiele haben will, sondern eine allgemeine Bestimmung der Sache selbst.

L. Gibt es denn eine Definition von Philosophie?

Ph. Das Problem dabei ist, dass die Frage, was die Philosophie ihrer Natur nach ist, selbst eine philosophische Frage ist, zu der es unterschiedliche Antwortversuche gibt.

L. Sie können mir ja einmal den vorstellen, den Sie für richtig halten.

Ph. Tatsächlich glaube ich, dass an allen ernsthaften Alternativen etwas grundsätzlich richtig ist. Das ist wie bei anderen philosophischen Fragen auch: Die verschiedenen Ansätze haben alle etwas für sich, sonst würde sie niemand vertreten.

L. Und was sind hier die ernsthaften Alternativen?

Ph. Um das diskutieren zu können, muss man sich zuerst drei für die gesamte Philosophie sehr wichtige Unterschei-

171

dungen vor Augen führen. Die erste ist eine Unterscheidung zwischen verschiedenen Arten von Erkenntnissen: Erkenntnisse, die unabhängig von der Erfahrung sind, nennt man – im Anschluss an Kant – »apriorische Erkenntnisse«. Erkenntnisse, die wir aus der Erfahrung gewinnen, nennt man »aposteriorische Erkenntnisse«.

L. Können Sie dafür Beispiele geben?

Ph. Haben Sie bitte noch einen Moment Geduld, ich bespreche gleich eins mit Ihnen. Aber lassen Sie mich zuvor noch die beiden anderen Unterscheidungen erklären: Es gibt Sachverhalte, die so sein müssen, wie sie sind. Die nennt man dann »notwendige Sachverhalte«. Andere können so oder auch anders sein. Die heißen »kontingente Sachverhalte«. Und schließlich unterscheidet man zwischen Aussagen, die allein aufgrund ihrer Bedeutung wahr sind, die nennt man »analytisch wahre Aussagen«, und solchen, bei denen das nicht der Fall ist, die nennt man »synthetisch wahre Aussagen«.

L. Gut. Jetzt wird es aber Zeit für ein Beispiel!

Ph. Am einfachsten ist es, wenn man einen Fall nimmt, bei dem alle drei Unterscheidungen zusammenfallen. Betrachten Sie die Aussage »Junggesellen sind unverheiratet«. Diese Aussage ist zuerst einmal analytisch wahr, also wahr allein aufgrund ihrer Bedeutung.

L. Sie meinen, weil »Junggeselle« einfach »unverheirateter Mann« bedeutet?

Ph. Genau. Das »unverheiratet« steckt schon in dem Ausdruck »Junggeselle« drin, und deshalb ist die Aussage »Junggesellen sind unverheiratet« allein aufgrund ihrer Bedeutung wahr. – Zugleich ist aber auch der entsprechende Sachverhalt, nämlich dass Junggesellen unverheiratet sind, notwendigerweise wahr. Junggesellen *müssen* unverheiratet sein.

L. Was ist jetzt da der Unterschied?

Ph. Eine Aussage ist etwas Sprachliches. Und das, was unsere Aussage sagt, ist, dass ein bestimmter Sachverhalt besteht, nämlich, dass Junggesellen unverheiratet sind. Die Aussage ist analytisch wahr, der Sachverhalt ist notwendig. Und die Erklärung dafür, dass der Sachverhalt notwendig ist, ist einfach die, dass die Aussage analytisch wahr ist: Junggesellen müssen unverheiratet sein, weil wir verheiratete Männer nicht »Junggesellen« nennen. Die Notwendigkeit beruht also einfach auf der Analytizität.

L. Klingt gut.

Ph. Schließlich ist die Erkenntnis, dass Junggesellen unverheiratet sind, eine apriorische Erkenntnis, also unabhängig von der Erfahrung. Und das liegt ebenfalls daran, dass man einfach nur die Bedeutung des Wortes »Junggeselle« (und der anderen beiden Wörter in der Aussage) kennen muss, um zu wissen, dass Junggesellen unverheiratet sind.

L. Wieso ist das unabhängig von der Erfahrung? Man muss doch zuerst einmal die entsprechenden Wörter lernen. Und dazu braucht man doch die Erfahrung.

Ph. Das stimmt. Aber wenn man die Wörter erst einmal kann, dann braucht man keine Erfahrung mehr. Man muss die Frage »Sind Junggesellen unverheiratet?« einfach nur verstehen, um auch schon die Antwort zu wissen. Bei Fragen wie »Gehen Junggesellen in der Regel spät schlafen?« ist das anders. Auch wenn man die Frage versteht, muss man zuerst einmal Nachforschungen über Junggesellen anstellen, um sie beantworten zu können.

L. Die Erkenntnis, dass Junggesellen in der Regel spät schlafen gehen, ist also eine »aposteriorische Erkenntnis«?

Ph. Ja, wenn es überhaupt eine Erkenntnis ist. Und die Aussage »Junggesellen gehen in der Regel spät schlafen« ist, wenn sie denn wahr ist, synthetisch wahr, denn die Wahrheit folgt dann nicht allein aus der Bedeutung. Und der Sachverhalt, dass Junggesellen in der Regel spät schlafen gehen, ist, wenn er besteht, ein kontingenter Sachverhalt. Denn selbst wenn Junggesellen tatsächlich in der Regel spät schlafen gehen, ist das ja nicht notwendigerweise so. Sie könnten auch früh ins Bett gehen.

L. Gut, das habe ich verstanden.

Erste Gesprächsnotiz

Die Frage, was Philosophie ist, ist selbst eine philosophische Frage. Um die verschiedenen Antworten auf diese Frage verstehen zu können, ist es wichtig, drei Unterscheidungen vor Augen zu haben: die zwischen apriorischen und aposteriorischen Erkenntnissen, die zwischen notwendigen und kontingenten Sachverhalten und die zwischen analytisch und synthetisch wahren Aussagen.

Philosophie als Begriffsklärung

L. Wozu brauchen wir diese Unterscheidungen?

Ph. Nach Ansicht von manchen Philosophen ist es *immer* so, dass gerade die analytisch wahren Aussagen notwendige Sachverhalte beschreiben, die wir a priori erkennen können – und andererseits synthetisch wahre Aussagen genau die kontingenten Tatsachen beschreiben, die wir nur aus der Erfahrung heraus, also aposteriorisch, erkennen können. Analytisch, notwendig und apriorisch auf der einen Seite und synthetisch, kontingent und aposteriorisch auf der anderen gehören demnach immer zusammen. Alle anderen Kombinationen sind ausgeschlossen.

L. Sie meinen, dass man zum Beispiel nicht analytisch, kontingent und aposteriorisch oder synthetisch, notwendig und apriorisch kombinieren kann?

Ph. Genau. Und auf dieser Grundlage kann man die Natur der Philosophie dann so bestimmen: Die Philosophie möchte das Wesen der Dinge ergründen. Das Wesen der Dinge ergründen heißt aber vor allem: die notwendigen Eigenschaften der Dinge zu klären. Wenn Notwendigkeit und Analytizität immer miteinander einhergehen, bedeutet das, dass es der Philosophie allein um analytische Wahrheiten geht. Analytische Wahrheiten ergeben sich aber aus der Bedeutung von Wörtern. Die Aufgabe der Philosophie ist es folglich, diese zu untersuchen.

L. Was? Die Philosophie beschäftigt sich nur mit der Sprache?

Ph. Das ist die Idee: Philosophie als Sprachanalyse! Dass es der Philosophie um das Wesen der Dinge geht, ist eine alte Vorstellung. Dass die Untersuchung des Wesens der Dinge aber letztlich auf eine Untersuchung des Sprachgebrauchs hinausläuft, ist eine These, die man erst im 20. Jahrhundert ernsthaft erwogen hat.

L. Ist das nicht ein bisschen enttäuschend? Erst denkt man, es geht um das Wesen der Welt, und dann geht es nur darum, wie wir reden.

Ph. Statt zu sagen, es ginge darum, wie wir reden, könnte man aber auch sagen, dass es um unsere Begriffe geht, denn die zeigen sich daran, wie wir reden. Und wir haben ja gestern gesehen, dass es gar nicht so klar ist, wie sich unsere Begriffe zur Welt verhalten. Vielleicht spiegelt das Wesen unserer Begriffe das Wesen der Welt wider, vielleicht *ist* das Wesen der Welt nichts anderes als das Wesen unserer Begriffe.

L. Trotzdem. Irgendwie hört sich das immer noch ein bisschen trivial an. Dass Junggesellen unverheiratete Männer sind, ist zum Beispiel nicht gerade eine sehr tiefe Einsicht …

Ph. Aber natürlich sind nicht alle analytisch wahren Aussagen so *offensichtlich* wahre Aussagen. Denken Sie an unsere Versuche, den Begriff des Wissens zu klären. Wenn man da eine Wesensdefinition finden könnte, wäre das eine analytisch wahre Aussage. Aber es ist doch alles andere als einfach, so eine Definition zu finden.

L. Ich erinnere mich. Das war die Geschichte mit den seltsamen Beispielen, die zeigen, dass Wissen nicht einfach gerechtfertigte, wahre Überzeugung ist.

Ph. Obwohl das zuerst einmal wie eine analytisch wahre Aussage aussieht! Es ist eben ein Irrtum zu glauben, dass wir immer schon eine gute Übersicht darüber haben, wie wir tatsächlich reden und wie sich dementsprechend unsere Begriffe zueinander verhalten. Die haben wir nicht, und deshalb brauchen wir eine Begriffsklärung.

L. Also soll man nach dieser Auffassung in der Philosophie nichts anderes tun, als nach solchen Wesensdefinitionen zu suchen?

Ph. Nein, eine Übersicht über unseren Sprachgebrauch und damit über unsere Begriffe kann man auf verschiedene Weise gewinnen. Man kann nach der Wesensdefinition eines Begriffs, also nach einer Analyse mittels einzeln notwendigen und zusammen hinreichenden Bedingungen suchen. Manchmal genügt es aber auch, nur notwendige oder nur hinreichende Bedingungen für die Anwendung eines Begriffs zu finden. Man kann auch Beispiele für die Verwendung relevanter Wörter in übersichtlicher Weise zusammenstellen oder nach erhellenden Vergleichen suchen. Oder man liefert eine rationale Rekonstruktion der Begriffsverhältnisse mit den Mitteln der formalen Logik.

L. Hängt dann nicht alles davon ab, *welche* Sprache man betrachtet? Vielleicht haben die Chinesen ganz andere Begriffe als wir.

Ph. Vielleicht. Aber erstens scheint es so zu sein, dass sich die meisten philosophisch relevanten Begriffe auch in anderen Sprachgemeinschaften finden. Die Philosophie möchte ja keine Übersicht über irgendwelche Begriffe liefern, sondern über die für unser Selbst- und Weltverständnis grundlegenden Begriffe: Wissen, Wahrheit, Gegenstand, Eigenschaft, Gerechtigkeit, Freiheit, Lust, Schönheit …

L. … während der Begriff des Junggesellen philosophisch uninteressant ist.

Ph. Zum anderen ist es tatsächlich so, dass es vor allem darauf ankommt, *unsere* Begriffe zu klären, weil es auch um unsere philosophischen Probleme geht – uns jedenfalls. Hätten wir ganz andere Begriffe, so hätten wir auch andere philosophische Fragen.

L. Wenn man Philosophie betreiben möchte, reicht es also, wenn man seine eigene Sprache beherrscht?

Ph. Ja. Und so gesehen ist auch verständlich, warum die Philosophie unabhängig von der Erfahrung, also rein apriorisch, vorgeht. Wenn man eine philosophische Frage wie »Was ist Wissen?« versteht, hat man im Prinzip bereits alles, was man zu ihrer Beantwortung braucht, nämlich Kompetenz im Umgang mit dem Wort »Wissen« und damit den Begriff des Wissens. Darüber hinausgehende Erfahrung ist nicht mehr nötig. Und das unterscheidet die Philosophie scheinbar grundlegend von den empirischen Wissenschaften.

L. Jedenfalls haben wir in dieser Woche keine Experimente gemacht oder sonstige Beobachtungen angestellt.

Ph. Eben. Nach der Auffassung von Philosophie, die wir gerade betrachten, sind die empirischen Wissenschaften für die andere Seite unserer drei Unterscheidungen zuständig: Sie kümmern sich um die kontingenten Tatsachen, also um die synthetischen Wahrheiten und damit um die aposteriorischen Erkenntnisse. Wenn diese Auffassung richtig ist, gibt es eine scharfe Grenze zwischen der Philosophie und den empirischen Wissenschaften.

L. Wäre es nicht seltsam, wenn die Philosophie so gar nichts mit den anderen Wissenschaften zu tun hätte?

Ph. Es gibt ja auch andere Auffassungen von Philosophie. Und dann ist es natürlich so, dass selbst diejenigen, die annehmen, dass es eine scharfe Grenze zwischen philosophischen und empirischen Untersuchungen gibt, durchaus an die Möglichkeit einer engen Zusammenarbeit von Philosophen und Empirikern glauben können.

L. Aber wie sollte diese Zusammenarbeit dann aussehen?

Ph. Auch die grundlegenden Begriffe der empirischen Wissenschaften sind häufig klärungsbedürftig. Denken Sie beispielsweise an die Neurowissenschaften. Diese arbeiten zum Teil mit Begriffen, die offensichtlich alles andere als klar sind: Wahrnehmung, Denken, Emotion, Wille, Bewusstsein …

L. Und die Arbeitsteilung wäre dann: Der Philosoph klärt die Begriffe, der Wissenschaftler macht die Experimente?

Ph. Um mit dem Philosophen Peter Hacker zu sprechen: Der Philosoph klärt den Sinn wissenschaftlicher Aussagen, der Wissenschaftler prüft deren Wahrheit – wenn sie denn einen klaren Sinn haben.

L. Und wenn nicht?

Ph. Dann müssen sich Wissenschaftler und Philosophen vielleicht gemeinsam überlegen, wie man klare wissenschaftliche Aussagen formulieren und geeignete Begriffe bilden könnte.

Zweite Gesprächsnotiz

Einer Auffassung zufolge ist Philosophie nichts anderes als Begriffsklärung. Die Philosophie interessiert sich für das Wesen der Dinge, also für notwendige Zusammenhänge, also für analytische Wahrheiten, also für Begriffsklärung. So wäre auch verständlich, inwiefern die Philosophie eine rein apriorische Disziplin ist, die nicht auf Erfahrung, sondern nur auf Sprach- und Begriffskompetenz angewiesen ist. Es gäbe eine scharfe Grenze zwischen der Philosophie (die für notwendige Tatsachen/analytische Wahrheiten/apriorische Erkenntnisse zuständig wäre) und den empirischen Wissenschaften (die für kontingente Tatsachen/synthetische Wahrheiten/aposteriorische Erkenntnisse zuständig wären). Daraus folgt nicht, dass eine Zusammenarbeit nicht möglich ist: Auch die grundlegenden Begriffe der empirischen Wissenschaften sind häufig klärungsbedürftig.

Drei unklare Unterscheidungen?

L. Das ist aber nicht die einzige Auffassung von Philosophie?

Ph. Nein. Es gibt auch Philosophen, die keine scharfe Grenze zwischen der Philosophie und den empirischen Wissenschaften sehen.

L. Weil sie nicht glauben, dass es in der Philosophie nur um Begriffsklärung geht?

Ph. Schlimmer: Weil sie bezweifeln, dass man sinnvoll zwischen analytischen und synthetischen Aussagen unterscheiden kann.

L. Aber das haben wir doch gerade gemacht.

Ph. Wir hatten gesagt, dass analytisch wahre Aussagen solche sind, die allein aufgrund ihrer Bedeutung wahr sind. Aber man kann natürlich nachfragen, was dieses »wahr aufgrund der Bedeutung« eigentlich heißt. Und zur Erklärung müsste man dann vermutlich Ausdrücke wie »aufgrund von bloßer Sprachkompetenz erkennbar« oder »notwendig wahr« oder direkt wieder »analytisch wahr« verwenden.

L. Und das wäre dann zirkulär?

Ph. Genau. Und wenn man dem Ausdruck »analytisch wahr« von Anfang an skeptisch gegenübersteht, wird man diese Zirkularität problematisch finden.

L. Aber was soll daran denn problematisch sein? Ist doch irgendwie klar, dass man nicht immer weiter definieren kann.

Ph. Philosophen, die das problematisch finden – vor allem der amerikanische Philosoph Willard Van Orman Quine hat das problematisch gefunden –, würden sagen, dass *alle* diese Ausdrücke: »analytisch wahr«, »notwendig wahr«, »wahr aufgrund von Bedeutung« und noch einige mehr, letztlich unverständlich sind. Und es ist natürlich nicht sehr erhellend, einen unverständlichen Ausdruck durch einen anderen unverständlichen Ausdruck zu erklären.

L. Aber es gibt doch klare Fälle von analytisch wahren Aussagen: »Junggesellen sind nichts anderes als unverheiratete Männer« zum Beispiel.

Ph. Und was ist mit Witwern? Und was ist mit dem Papst? Das sind unverheiratete Männer, aber man würde sie nicht »Junggesellen« nennen.

L. Ja, gut. Die Sonderfälle müssten wir noch einarbeiten. Aber das würde doch gehen.

Ph. Denken Sie an unsere Diskussion über den Begriff des Wissens. Da haben die Leute auch gedacht, dass es schon gehen würde.

L. Glauben Sie denn nicht, dass es klare Beispiele für analytische Wahrheiten gibt?

Ph. Doch, nehmen Sie etwa die Aussage, dass Erpel nichts anderes als männliche Enten sind. Ich finde die analytisch-synthetisch Unterscheidung ja letztlich nicht problematisch. Sehr überzeugend ist dabei für mich auch die Beobachtung, dass wir im Alltag recht deutlich zwischen »nicht glauben« und »nicht verstehen« unterscheiden. Die englischen Philosophen Peter Strawson und Paul Grice haben folgendes Beispiel gegeben: Wenn uns jemand sagt, dass sein dreijähriger Sohn Russells Typentheorie versteht, dann werden wir ihm nicht glauben. Wenn uns aber jemand sagt, dass sein dreijähriger Sohn ein Erwachsener ist (nicht etwa nur so aussieht, sich so verhält etc.), dann werden wir ihn nicht verstehen.

L. Und das entspricht dem Unterschied zwischen analytisch und synthetisch wahr?

Ph. Ja. Das Gegenteil von einer analytisch wahren Aussage, also eine analytisch falsche Aussage, versteht man nicht – hier die Aussage »Mein dreijähriger Sohn ist ein Erwachsener« –, das Gegenteil von einer synthetisch wahren Aussage versteht man schon, glaubt es aber vielleicht nicht – hier die Aussage »Mein dreijähriger Sohn versteht Russells Typentheorie«. Aber man kann natürlich wieder sagen, dass auch der Unterschied zwischen »nicht verstehen« und »nicht glauben« weiter klärungsbedürftig ist. Letztlich müsste man dann erläutern, was es heißt, die Bedeutung eines Ausdrucks zu kennen. Und das haben Sprachphilosophen im 20. Jahrhundert ausführlich versucht.

L. Und wie?

Ph. Oh, das ist eine längere Geschichte. Aber im Grunde gibt es zwei Ansätze. Die einen würden sagen, dass die Sprache vor allem durch ihre darstellende Funktion bestimmt wird. Dementsprechend weiß man, was ein Wort bedeutet, wenn man weiß, wofür es steht, man weiß, was ein Satz bedeutet, wenn man weiß, unter welchen Umständen er wahr ist, und man versteht die Struktur der Sprache, wenn man versteht, wie sich die Bedeutung komplexer Ausdrücke aus der Bedeutung ihrer Bestandteile ergibt.

L. Hört sich ganz plausibel an.

Ph. Der Teufel steckt im Detail. Was macht man zum Beispiel mit Ausdrücken, die für nichts stehen – zufälligerweise, wie der Ausdruck »der gegenwärtige König von Frankreich«, oder ihrer Art nach, wie der Ausdruck »also«? Und was macht man mit Sätzen, die nicht wahr oder falsch sind, wie »Hiermit erkläre ich Sie zu Mann und Frau« oder »Hurra!« oder »Wie spät ist es?«?

L. Und was ist der alternative Ansatz?

Ph. Man geht davon aus, dass die Sprache vor allem eine Praxis ist, dass also Sprechen eine Art Handeln ist. Die Bedeutung eines Ausdrucks kennt dann derjenige, der weiß, wie man einen Ausdruck gebraucht.

L. Kann man nicht irgendwie beides miteinander verbinden?

Ph. Das haben die Sprachphilosophen versucht. Aber, wie gesagt, es gibt da viele kniffelige Detailprobleme. – Trotzdem sind heute die wenigsten Philosophen so skeptisch in Bezug auf den Begriff der Bedeutung, wie Quine es war.

L. Na schön. Nehmen wir trotzdem aber einmal an, es gäbe gute Gründe gegen die Unterscheidung zwischen analytischen und synthetischen Wahrheiten. Was hat das mit der Natur der Philosophie zu tun?

Ph. Das ist einfach. Wenn man sagen möchte, dass die Philosophie eine apriorische Disziplin ist und notwendige Zusammenhänge erforscht, weil sie analytische Zusammenhänge aufklärt, und dass demgegenüber die empirischen Disziplinen auf der Erfahrung aufbauen und kontingente

Tatsachen betrachten, weil sie synthetische Zusammenhänge erforschen, dann bricht die Unterscheidung zwischen
der Philosophie und den empirischen Wissenschaften mit
der analytisch-synthetisch-Unterscheidung zusammen.
Keine analytisch-synthetisch-Unterscheidung, also keine
apriorisch-aposteriorisch-Unterscheidung und keine not-
wendig-kontingent-Unterscheidung, also auch keine Philo-
sophie-empirische Wissenschaft-Unterscheidung!

L. Aber irgendeinen Unterschied muss es doch geben.

Ph. Man könnte annehmen, dass es zwar keine scharfe
Grenze, wohl aber einen graduellen Unterschied zwischen
den Wissenschaften gibt: Manche beschäftigen sich mit Fragen, die ziemlich direkt empirisch überprüfbar sind, andere
beschäftigen sich mit abstrakteren, weiter von der Erfahrung
entfernten Fragen.

L. Und die Philosophie würde sich demnach mit den abstrak-
testen und am weitesten von der Erfahrung entfernten Fragen beschäftigen?

Ph. Ja, die Philosophie und vermutlich noch die Mathematik.

Dritte Gesprächsnotiz

*Manche Philosophen bestreiten, dass man sinnvoll zwischen
analytischen und synthetischen Wahrheiten unterscheiden
kann. Sie halten alle Erklärungen dieser Unterscheidung letztlich für unverständlich und alle Beispiele von analytischen
Wahrheiten für nicht eindeutig. Ist vielleicht sogar der Begriff
der Bedeutung selbst unverständlich? Viele Philosophen im
20. Jahrhundert haben sich mit seiner Klärung beschäftigt –
ausgehend von der darstellenden Funktion der Sprache oder
ausgehend von der Vorstellung, dass Sprache eine Praxis ist.
Ohne die analytisch-synthetisch-Unterscheidung würde die
Unterscheidung zwischen apriorischen und aposteriorischen*

Erkenntnissen und zwischen notwendigen und kontingenten
Sachverhalten zunächst einmal zusammenbrechen – und da-
mit die scharfe Grenze zwischen der Philosophie und den em-
pirischen Wissenschaften. Es könnte stattdessen einen kontinu-
ierlichen Übergang geben: von den erfahrungsnahen zu den
immer abstrakteren Wissenschaften bis hin zur Philosophie
und Mathematik.

Philosophie
als Begriffsbildung

L. Aber Sie denken, dass diejenigen recht haben, die glauben,
man könne analytische von synthetischen Wahrheiten unterscheiden?

Ph. Ja.

L. Also glauben Sie auch, dass es eine scharfe Grenze zwischen der Philosophie und den empirischen Wissenschaften
gibt, weil es die Philosophie mit den analytischen Wahrheiten zu tun hat, während sich die empirischen Wissenschaften mit den synthetischen Wahrheiten beschäftigen?

Ph. Nein, das glaube ich nicht.

L. Aber wie passt das zusammen?

Ph. Dass man an eine scharfe Grenze zwischen analytischen
und synthetischen Wahrheiten glaubt, heißt nicht, dass man
auch an die Beschränkung der Philosophie auf die Begriffsklärung, also auf die Untersuchung analytischer Zusammenhänge, glauben muss.

L. Sie meinen also, dass sich die Philosophie mit analytischen
und synthetischen Zusammenhängen beschäftigt?

Ph. Das erscheint mir sogar offensichtlich. Dass es häufig um
die Klärung begrifflicher Beziehungen geht, haben Sie ja in

unseren Gesprächen immer wieder gesehen, zum Beispiel als wir uns gefragt haben, was Wissen ist oder was es bedeutet, dass eine Überzeugung gerechtfertigt ist. Wenn man aber zum Beispiel die Ethik und Moralphilosophie betrachtet, erscheint es mir klar, dass es da nicht nur um begriffliche Zusammenhänge geht.

L. Ich erinnere mich. Am Mittwoch hatten wir gesagt, man könne schlecht behaupten, dass derjenige, der das utilitaristische Prinzip der Nutzenmaximierung leugnet, kein Deutsch kann. Aber irgendwie ging es doch in der Ethik schon auch um Begriffsklärung, hätte ich gedacht. Wir haben doch beispielsweise gefragt, was Gerechtigkeit und was Freiheit ist.

Ph. Das stimmt. Aber ich würde sagen, dass es da auch um Begriffsbildung, nicht nur um Begriffsklärung ging. Man versucht, einen Begriff von Gerechtigkeit zu finden, der möglichst gut zu unseren Einzelfallintuitionen und zu unseren allgemeinen Vorstellungen passt.

L. Das war die Sache mit dem Überlegungsgleichgewicht.

Ph. Genau. Und insofern, würde ich sagen, geht die Philosophie ähnlich wie die empirischen Wissenschaften vor.

L. Also letztlich empirisch?

Ph. Ja und nein. Ich gebe Ihnen einmal ein einfaches Beispiel, das gerne verwendet wird, um Begriffsbildung verständlicher zu machen. Woher wissen wir, dass Wale keine Fische sind?

L. Weil sie ihre Jungen säugen und Lungen haben?

Ph. Ja, aber woher wissen wir, dass diese Eigenschaften ausschließen, dass Wale Fische sind?

L. Das ergibt sich vermutlich aus der biologischen Bestimmung eines Fisches.

Ph. Und die spannende Frage ist dann natürlich: Wie ist man zu dieser Bestimmung gekommen?

L. Ich nehme an, die Biologen haben versucht, das Tierreich übersichtlich einzuteilen, und haben die Definition dann so gemacht, dass möglichst wenig Durcheinander entsteht.

Ph. Das nehme ich auch an. Klar ist jedenfalls, dass sie nicht einfach die umgangssprachliche Verwendung des Wortes »Fisch« analysiert haben, denn früher hat man ja sogar von »Walfischen« gesprochen. Demnach wäre der Wal ein Fisch. Aber als man dann verschiedene Fischarten und die Wale genauer untersucht hat, hat man vermutlich festgestellt, dass es ziemlich unübersichtlich wird, wenn man die Wale zu den Fischen zählt. Und deshalb hat man den Begriff des Fisches so präzisiert – und damit verändert –, dass Wale nicht mehr darunterfallen. Der Philosoph Rudolf Carnap hätte so etwas eine »Begriffsexplikation« genannt.

L. So könnte es gewesen sein. Aber was zeigt das jetzt?

Ph. Es zeigt, dass es nicht immer leicht ist, eine Erkenntnis als empirisch oder nicht empirisch einzustufen. War denn nun die Einsicht, dass Wale keine Fische sind, eine empirische Erkenntnis? Die Erfahrung hat jedenfalls eine Rolle gespielt. Aber man kann sicher nicht sagen, dass wir die Definition des Fisches einfach aus der Erfahrung ablesen konnten. Und das ist ganz typisch für die Begriffsbildung.

L. Und Sie würden sagen, solche Begriffsbildungen findet man in der Ethik und Moralphilosophie ebenso wie in der Wissenschaft?

Ph. Die Suche nach dem richtigen Begriff von Gerechtigkeit scheint mir jedenfalls deutliche Parallelen zu der Suche nach dem richtigen Begriff des Fisches zu haben. In beiden Fällen geht es doch darum, wie wir die Welt am besten auffassen, wenn es um praktische beziehungsweise theoretische Überlegungen geht. Erinnern Sie sich an unser Gespräch vom

Mittwoch? Da habe ich ja bereits versucht, die Parallele zwischen Moral und Wissenschaft stark zu machen.

L. So, wie Sie es jetzt beschreiben, gäbe es aber tatsächlich eher eine Parallelität zwischen Philosophie und Wissenschaft als einen kontinuierlichen Übergang, oder?

Ph. Das stimmt. Aber vielleicht kann man sogar einen kontinuierlichen Übergang finden.

L. Wo denn?

Ph. Denken Sie noch einmal an unser Gespräch von gestern. Ich halte es durchaus für plausibel, dass es Fragen bezüglich der Grundlagen der verschiedenen Wissenschaften gibt, die in philosophische Fragen übergehen. Die Frage nach der Natur von Raum und Zeit zum Beispiel ist eine Frage der Physik, aber auch der Metaphysik; die Frage nach der Natur des Bewusstseins ist eine philosophische Frage, aber auch eine der Kognitionswissenschaften; die Linguistik versucht die Natur der Sprache zu klären, aber auch die Sprachphilosophie; und so weiter. Wenn man Philosophie als Begriffsklärung auffasst, wird man natürlich sagen, dass es der Philosophie jeweils nur um die Bedeutung, den Wissenschaften um die Empirie geht. Aber ich glaube, hier ist es wirklich oft kein großer Schritt von der Klärung der vorhandenen Begriffe hin zur Bildung von neuen.

L. Und die Philosophie wäre dann letztlich auch ein Teil der empirischen Wissenschaften, vielleicht eine besonders grundlegende empirische Wissenschaft?

Ph. Das ist jedenfalls auch ein ganz klassisches Philosophieverständnis. Viele Philosophen meinten, dass sie nach den grundlegenden Prinzipien der Wissenschaften suchen und dass diese Untersuchungen nur einfach weiter von der Erfahrung entfernt sind. Das hat schon Aristoteles gedacht.

Vierte Gesprächsnotiz

Auch wenn man die Unterscheidung zwischen analytischen und synthetischen Wahrheiten akzeptiert, ist man nicht auf die These festgelegt, dass die Philosophie ausschließlich Begriffsklärung betreibt. Tatsächlich legt es ein Blick auf die Ethik und Moralphilosophie nahe, zu vermuten, dass die Philosophie auch an Begriffsbildung interessiert ist. Darin gleicht sie den empirischen Wissenschaften (die insofern auch nicht rein empirisch sind). Neben dieser Parallele zwischen der Philosophie und den Einzelwissenschaften gibt es aber auch einen kontinuierlichen Übergang zwischen beiden. Die Philosophie wäre demnach ein – besonders grundlegender – Teil der empirischen Wissenschaften.

Systeme bauen, Rätsel lösen

L. Sie würden also sagen, dass sowohl die Begriffsklärung als auch die Begriffsbildung eine wichtige Rolle für die Philosophie spielen.

Ph. Genau. Wobei der Schwerpunkt bei unterschiedlichen philosophischen Themen unterschiedlich ist – und insgesamt die Begriffsklärung bedeutsamer ist.

L. Warum ist die Begriffsklärung wichtiger als die Begriffsbildung? Ist das nicht eine sehr konservative Sicht der Dinge?

Ph. Man muss sich doch jedenfalls zuerst einmal klarmachen, wie die Begriffe miteinander zusammenhängen, die man hat. Und dann kann man sich natürlich schon fragen, ob es nicht besser wäre, andere begriffliche Grenzen zu ziehen, um mehr Ordnung zu schaffen. Aber man sollte sich klarmachen, dass das alles andere als einfach ist und dass sich in unseren Begriffen die Erfahrungen vieler Generationen niedergeschlagen haben – jedenfalls, wenn es um die grundlegenden philosophischen Begriffe geht.

L. Aber wie kann es dann philosophischen Fortschritt geben?

Ph. Das ist eine wichtige Frage, auf die wir gleich noch etwas ausführlicher zu sprechen kommen sollten. Aber zunächst einmal kann man feststellen, dass es jedenfalls in der Philosophie – anders als in der Wissenschaft – kaum neue empirische Daten gibt, die zu berücksichtigen wären.

L. Weil es keine philosophischen Experimente gibt, meinen Sie?

Ph. Ja. Dass es in den Einzelwissenschaften mehr auf die Begriffsbildung als auf die Begriffsklärung ankommt, kann man leicht verstehen, weil es ja auch neue Erfahrungen einzuordnen gilt. Bei der Philosophie ist das anders. Begriffe wie der des Wissens oder der des Gegenstandes scheinen so grundlegend zu sein, dass weitere Erfahrungen kaum zu einer Veränderung führen können.

L. Dann können wir also als Definition festhalten: Die Philosophie versucht, durch Begriffsklärung und Begriffsbildung die Grundlagen der Wissenschaften sowie der Ethik und Moral zu klären?

Ph. Oder vielleicht so: Die Philosophie versucht, unser grundlegendes, theoretisches und praktisches Welt- und Selbstverständnis zu verbessern, indem sie begriffliche Übersicht schafft.

L. Ja, ich hatte in dieser Woche auch den Eindruck, dass das Hauptproblem immer ist, die Übersicht zu behalten. Im Einzelnen konnte ich den Überlegungen eigentlich gut folgen, aber es ist mir nicht immer leichtgefallen, den Gesamtgedanken nicht aus dem Blick zu verlieren.

Ph. In der Philosophie steckt der Teufel wirklich eher im Ganzen, während er in den Einzelwissenschaften im Detail steckt. Was man an einer Stelle der Überlegung für selbstverständlich hält, führt an anderer Stelle zu Konsequenzen, die man unmöglich akzeptieren kann. Darin liegt die spezifische Schwierigkeit philosophischer Überlegungen: Man muss immer das Ganze im Blick behalten.

L. Dann geht es also letztlich darum, ein System zu finden, in dem alles seinen Platz hat?

Ph. Manchen Philosophen ging es tatsächlich darum, ein System für alles zu finden. Hegel zum Beispiel. Und viele heutige Philosophen würden sicher auch sagen, dass sie – nicht mehr allein, sondern arbeitsteilig – an einem großen wissenschaftlichen System mitarbeiten. Gerade formal arbeitende Philosophen denken oft so.

L. Was meinen Sie mit »formal arbeitend«?

Ph. Das sind Philosophen, die der Ansicht sind, dass man viel Logik und vielleicht sogar Mathematik braucht, um mit diesen Hilfsmitteln streng systematische, philosophische Theorien auszuarbeiten.

L. Glauben Sie das auch?

Ph. Wenn man überhaupt ein Freund von philosophischen Theorien ist, dann ist das sicher ein interessanter Weg. Und auch unabhängig davon ist Logik für die Philosophie wichtig.

L. Weil sie die Gesetze des Denkens erforscht?

Ph. Wenn Sie es so formulieren, ist es mehrdeutig. Die Frage, wie wir *tatsächlich* denken, ist keine Frage der Logik, sondern eher eine Frage der Psychologie. Die Logik beschäftigt sich (unter anderem) damit, wie man *richtig* schlussfolgert, und erfasst ihre Ergebnisse in abstrakten Systemen.

L. Braucht man das wirklich in der Philosophie? Wir sind doch in dieser Woche bisher ganz gut ohne Logik klargekommen, jedenfalls ohne »abstrakte Systeme«.

Ph. Ich finde, das ist wie im Kalten Krieg.

L. Was hat Logik mit dem Kalten Krieg zu tun?

Ph. Na ja, die Idee war doch, dass man viele Waffen braucht, nicht, um sie einzusetzen, sondern um ein Drohpotenzial aufzubauen, das den Gegner in Schach hält. Und mit der Logik ist es auch so: Wenn man sie einsetzen *könnte, ist es oft* gar nicht mehr nötig, sie einzusetzen. Man wird dann immer mit einem Seitenblick auf die logische Struktur argumentieren, und dadurch werden die eigenen Argumente klarer, auch wenn man tatsächlich gar keine formalen Analysen ausarbeitet. Die Logik spielt schon allein so eine wichtige Rolle im Kampf gegen verworrene Überlegungen.

L. Sie sagten, »wenn man ein Freund von philosophischen Theorien ist«, ist es interessant, formal zu arbeiten. Sind denn nicht alle Philosophen Freunde von philosophischen Theorien?

Ph. Nein, wobei manche Philosophen nur nicht von »Theorien« sprechen möchten, um den Unterschied zwischen begriffsanalytisch-philosophischen und empirisch-wissenschaftlichen Überlegungen nicht zu verwischen, obwohl sie durchaus nach einem übersichtlichen System unserer grundlegendsten Begriffe suchen. Bei anderen Philosophen liegt dagegen der Schwerpunkt wirklich woanders. Denken Sie beispielsweise noch einmal an die skeptische Herausforderung. Da ging es weniger darum, Begriffe in ein System zu bringen.

L. Nein. Da ging es eher darum, ein bestimmtes Problem aus der Welt zu schaffen.

Ph. Und das ist in der Philosophie ganz oft so. Man denkt über irgendeinen zentralen Begriff nach und gerät dabei in

Schwierigkeiten, aus denen man keinen Ausweg mehr findet.

L. Immer dort, wo wir gesagt haben: »Es ist doch nicht so, aber es muss doch so sein.«

Ph. Ja, so beschreibt Wittgenstein das. Und in der Antike sprach man von »Aporien« von ausweglosen Situationen. Die Philosophie ist voll davon: Es ist doch nicht so, dass wir keinen freien Willen haben. Aber es muss doch so sein. Es ist doch nicht so, dass ein Gegenstand die Summe seiner Eigenschaften ist. Aber es muss doch so sein. Es ist doch nicht so, dass wir nichts wissen können. Aber es muss doch so sein. Es ist doch nicht so, dass die Moral objektiv ist. Aber es muss doch so sein. Es ist doch nicht so, dass nur die Nutzenmaximierung für die Moral zählt. Aber es muss doch so sein. Und man könnte weitere Beispiele geben.

L. Und die Aufgabe der Philosophie wäre es dann, diese Rätsel zu lösen?

Ph. Ich glaube, dass im Zentrum jeder philosophischen Disziplin solche Rätsel liegen, oder vielleicht sogar noch weitergehend: Die verschiedenen philosophischen Disziplinen werden durch solche Rätsel definiert. Philosophische Erkenntnistheorie wäre dann im Kern nichts anderes als der Versuch, das Rätsel zu lösen, vor das uns die skeptische Herausforderung stellt, Metaphysik wäre durch einige eng miteinander zusammenhängende metaphysische Rätsel definiert und so weiter.

L. Sie plädieren also für Philosophie als Rätsellösen statt Systembilden?

Ph. Oder eben beides: Rätsellösen und Systembilden. Das ist vielleicht eine Sache des philosophischen Temperaments. Und außerdem hängt beides eng miteinander zusammen. Manche Philosophen sind geradezu besessen von bestimmten Rätseln. Man kann philosophische Rätsel aber nur lösen, indem man sich eine Übersicht über die entsprechenden Begriffe verschafft (und sie vielleicht sogar ändert). Das heißt aber, dass man unweigerlich eine gewisse Systematik in ein Netz von Begriffen bringen muss. Umgekehrt ist es natürlich so, dass man, wenn man ein umfassendes philosophisches System aufbauen möchte, irgendwann auf die philosophischen Rätsel stößt und sie lösen muss.

L. Dann sind wir, wenn mich nicht alles täuscht, bei: Philosophie ist ein Systembilden und Rätsellösen in Bezug auf die theoretischen und praktischen Grundlagen unseres Welt- und Selbstverständnisses durch Begriffsklärung und Begriffsbildung?

Ph. Klingt doch gut.

Fünfte Gesprächsnotiz

Begriffsklärung ist für die Philosophie von größerer Bedeutung als Begriffsbildung. Beides kann man jedoch einsetzen, um eine Übersicht über Begriffe, letztlich ein System, zu bekommen. (Manche Philosophen nutzen dabei gerne die formalen Mittel der Logik, die selbst dann, wenn sie nicht explizit auftreten, für die Philosophie eine wichtige Rolle spielen.) Aber nicht immer steht die Systembildung im Mittelpunkt. Einigen Philosophen geht es eher darum, die grundlegenden Rätsel zu lösen, die im Zentrum der verschiedenen philosophischen Disziplinen liegen. Systembilden und Rätsellösen schließen sich allerdings nicht gegenseitig aus. Und in beiden Fällen ist das Ziel, die Grundlagen unseres theoretischen und praktischen Welt- und Selbstverständnisses verständlicher zu machen.

Fortschritt
in der Philosophie?

L. Aber wissen Sie, eines wundert mich dann doch: Die Rätsel, mit denen sich die Philosophie beschäftigt, das sind anscheinend ja immer dieselben. Ich meine, das Problem der Willensfreiheit, die skeptische Herausforderung und so weiter.

Ph. Ich würde auch sagen, dass es weitgehend dieselben Rätsel bleiben.

L. Aber ist das nicht seltsam? Wenn Philosophen seit 2500 Jahren damit beschäftigt sind, immer dieselben Rätsel zu lösen, dann müssten sie langsam einmal damit fertig geworden sein – oder aber die Flinte ins Korn geworfen haben. Wenn man nach so langer Zeit ein Rätsel nicht gelöst hat, dann ist es doch nicht sehr wahrscheinlich, dass man es noch lösen wird.

Ph. Da sprechen Sie das heikle Thema »Fortschritt in der Philosophie« an.

L. Das geht mir schon seit einiger Zeit im Kopf herum, und zwar auch deshalb, weil Sie in unseren Gesprächen immer wieder so etwas gesagt haben wie »das hat schon Platon gesagt«, »so hat Kant das auch gesehen« und so weiter.

Ph. Sowohl in der philosophischen Ausbildung als auch in der Forschung spielt die Auseinandersetzung mit den klassischen Positionen eine wichtige Rolle.

L. Aber wie kann es sein, dass man sich in der Philosophie immer noch mit solchen Klassikern beschäftigt, wenn es einen Fortschritt gibt? Sind denn die alten Theorien nicht irgendwann einmal überholt? In der Physik lesen die Leute ja auch nicht mehr die Schriften von Newton!

Ph. Die Frage nach dem Fortschritt der Philosophie wirft selbst ein typisches philosophisches Rätsel auf: Es ist doch nicht so, dass es in der Philosophie einen Fortschritt gibt. Wie sonst wäre es verständlich, dass es in ihr immer wieder um dieselben Rätsel geht und immer wieder dieselben alten Texte studiert und interpretiert werden? Aber es muss doch einen Fortschritt geben. Wie sonst könnte die Philosophie als ernst zu nehmende intellektuelle Tätigkeit verstanden werden?

L. Und haben Sie eine Lösung?

Ph. Vielleicht schon, und zwar eine zweiteilige. Der langweilige Teil sieht so aus: Es gibt Bereiche in der Philosophie, in denen es tatsächlich einen Fortschritt gibt.

L. Zum Beispiel?

Ph. Gerade im 20. Jahrhundert gibt es zwei schöne Beispiele: die Logik und die Sprachphilosophie. Die Logik als wissenschaftliche Disziplin wurde von Aristoteles erfunden. Aber dann hat sich lange Zeit nicht besonders viel getan, bis im 19. Jahrhundert, vor allem von Gottlob Frege, ein echter Neuanfang gemacht wurde. Nachdem die Grundlagen der Logik neu gelegt waren, konnten sich daraus neue mathematische Disziplinen entwickeln. Und bezüglich der Sprachphilosophie ist es ähnlich: Im 20. Jahrhundert haben sich viele Philosophen besonders intensiv mit der Sprache befasst. (Auch hier haben übrigens die Überlegungen von Frege eine besonders wichtige Rolle gespielt.) Daraus haben sich dann eigenständige linguistische Forschungen entwickelt, die deutlich über die Interessen und Kompetenzen der Philosophen hinausgehen.

L. Das betrachten Sie also als Fälle, in denen die Philosophie tatsächlich die Mutter von Einzelwissenschaften war.

Ph. Ja, und man könnte weitere Beispiele finden. – Aber auch wenn es um die Grundlagen der Einzelwissenschaften geht, versucht die Philosophie natürlich, zum Fortschritt beizutragen. Dementsprechend spielt in diesen Bereichen, zum Beispiel in der Philosophie der Physik oder der Neurophilosophie, die Auseinandersetzung mit den Klassikern auch keine ganz so große Rolle, sondern eher die Auseinandersetzung mit neuen wissenschaftlichen Erkenntnissen.

L. Also würden Sie sagen, dass es in der Philosophie durchaus Fortschritt gibt?

Ph. In bestimmten Teilbereichen. Insgesamt würde ich aber eher nicht von einem Fortschritt sprechen, vor allem nicht dort, wo es um das Lösen der zentralen philosophischen Rätsel geht.

L. Liegt das daran, dass diese Rätsel nicht zu lösen sind oder dass sie schon gelöst wurden?

Ph. Soweit sie zu lösen sind, wurden sie von den großen Philosophen gelöst, aber das hilft leider nicht so viel.

L. Das verstehe ich nicht. Warum hilft das nicht viel?

Ph. Weil sich die Rätsel immer wieder vor einem neuen Hintergrund stellen und weil man darum auch die Lösungen, die es schon gibt, erst richtig versteht, wenn man sie selbst gefunden hat.

L. Das verstehe ich immer noch nicht. Was meinen Sie mit »neuem Hintergrund«?

Ph. Nehmen Sie zum Beispiel das Rätsel der Willensfreiheit. Ob man die Frage nach der Freiheit des Willens, wie heute, vor dem Hintergrund der modernen Neurowissenschaften oder, wie im Mittelalter, vor einem theologischen Hintergrund, nämlich der Annahme eines allwissenden und darum alle Entscheidungen im Voraus kennenden Gottes, stellt, macht schon einen Unterschied, auch wenn die Lösung des Problems möglicherweise in beiden Fällen ganz ähnlich aussieht.

L. Ich hatte diese Woche über nicht gerade den Eindruck, dass die philosophischen Probleme gelöst sind.

Ph. Das verstehe ich. Aber es ist doch auch bezeichnend, dass jeder Philosoph, wenn er eine dezidierte Position zu einem Thema vertritt, irgendwie davon ausgeht, dass er das entsprechende Problem gelöst hat.

L. Ja. Aber ist das nicht Hybris?

Ph. Nicht unbedingt. Vielleicht hat der Philosoph die Aspekte, die ihm an dem Problem vor allem wichtig erscheinen, wirklich miteinander in Einklang gebracht. Anderen Philosophen sind andere Aspekte wichtig.

L. Und deshalb können sie mit der Lösung des einen Philosophen nicht viel anfangen?

Ph. Es geht jedenfalls häufig um die richtige Betonung verschiedener Aspekte, die zu berücksichtigen sind. Je nachdem, welche Seite eines Rätsels einem besonders wichtig erscheint, wird man aus unterschiedlicher Perspektive auf das Problem zugehen. Mein Eindruck ist, dass man sich in der philosophischen Auseinandersetzung häufig von verschiedenen Seiten aufeinander zubewegt und sich manchmal sogar in der Mitte trifft.

L. Ein sehr harmonisches Bild der Philosophie. Aber die Frage, warum man dann immer noch die Klassiker liest, ist damit nicht beantwortet.

Ph. Doch, eigentlich schon. Wenn man einen klassischen Text zu einem philosophischen Problem genau studiert, sich den entsprechenden Lösungsvorschlag im Detail klarmacht und dann selbst Stellung dazu bezieht, dann ist das ein sehr guter Weg, um sich mit dem jeweiligen Problem auseinanderzusetzen.

L. Und das machen die Leute, die Philosophiegeschichte betreiben?

Ph. Philosophen betreiben letztlich nur nebenher Philosophiegeschichte. Aus philosophischer Perspektive geht es immer um die Auseinandersetzung mit bestimmten Sachfragen. Aber eine Art und Weise, Antworten auf Sachfragen zu finden, besteht darin, sich klassische Antworten anzueignen. Viele Einsichten gehen, wie es scheint, immer wieder verloren, vielleicht weil man andere Einsichten betont, und müssen dann neu errungen werden. Selbst ein scheinbar reiner Kommentar zu einem philosophischen Werk kann so sachbezogene Philosophie sein.

L. Und die Alternative zur Lektüre der Klassiker wäre, das Rad immer wieder neu zu erfinden?

Ph. Das müssen wir so oder so tun, egal, ob wir uns mehr oder weniger mit klassischen Autoren auseinandersetzen. Was man in der Philosophie nicht in der eigenen Sprache, mit den eigenen Akzenten formulieren kann, hat man letztlich nicht wirklich verstanden.

L. Für mich hört sich das immer noch schwer nachvollziehbar an.

Ph. Dann will ich Ihnen einen Vergleich anbieten, der ein bisschen gefährlich ist, weil er möglicherweise in die Irre führt. Aber vielleicht ist er auch erhellend.

L. An was denken Sie?

Ph. Betrachten Sie die Kunst. Würden Sie nicht zustimmen, dass es in der Kunst, nicht immer, aber oft, um mehr oder weniger die gleichen Themen geht?

L. Liebe und Tod.

Ph. Und kann man nicht sagen, dass sich diese Themen in allen Zeiten – vor dem Hintergrund geänderter Umstände – neu aufdrängen, so dass es albern wäre, wenn man zum Beispiel sagen würde, man benötige keine neue Literatur mehr, weil Sophokles im Wesentlichen schon alles gesagt habe?

198

L. Ja, das wäre albern.

Ph. Und setzen sich Künstler nicht häufig auch mit ihren Vorgängern auseinander, um ihre eigenen Kunstwerke zu schaffen? Versuchen sie dabei nicht oft, alte »künstlerische Einsichten« neu zu erringen, von denen sie glauben, dass sie verloren gegangen sind?

L. Zum Beispiel in der Renaissance. – Und Sie würden sagen, so ist es auch in der Philosophie?

Ph. Jedenfalls ähnlich. Die Philosophie setzt sich mit Grundthemen des Menschen auseinander. Die Themen veralten nie, weil die Auseinandersetzung mit ihnen zum Menschsein selbst gehört. Und wie die Künstler das perfekte Kunstwerk schaffen möchten, versuchen die Philosophen, die perfekte Lösung ihrer Rätsel zu finden. Beide scheinen es nie zu schaffen, aber es immer wieder zu versuchen ist Teil unserer Natur.

L. Das haben Sie jetzt aber schön gesagt.

Sechste Gesprächsnotiz

Es gibt in der Philosophie Fortschritte, die manchmal sogar dazu führen, dass sich neue Wissenschaften entwickeln. Die zentralen Rätsel der Philosophie scheinen jedoch weitgehend dieselben zu bleiben. Haben die früheren Philosophen diese Rätsel gelöst? Vielleicht schon, aber das reicht nicht. Wir müssen uns – vor dem Hintergrund neuer Umstände und mit anderen Interessen – immer wieder mit diesen Rätseln auseinandersetzen und unsere eigenen Lösungen finden. Dazu müssen wir das Rad immer neu erfinden, egal, ob wir das in engerer oder weniger enger Auseinandersetzung mit den Ansichten früherer Philosophen tun. In dieser Hinsicht gleicht die Philosophie der Kunst.

SONNTAG

Wozu philosophieren?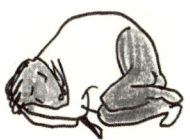

Leser Ist das dort hinten eigentlich das Meer?
Philosoph Ja, unser Elfenbeinturm steht auf der Insel der Seligen. Das Meer heißt das »Meer der Schönheit«.
L. Wie poetisch. Überhaupt muss ich schon sagen: An den Aufenthalt bei Ihnen könnte ich mich gewöhnen. Mir ist auch gar nicht mehr so schwindlig hier oben wie noch zu Anfang der Woche.
Ph. Sehen Sie, und das, obwohl eine Woche so gut wie nichts ist, wenn man sich ernsthaft mit der Philosophie auseinandersetzen will.
L. Ich habe tatsächlich das Gefühl, dass ich aus unseren Gesprächen mehr Fragen als Antworten mitnehme.
Ph. Das finde ich ganz in Ordnung. Ich habe zwar hin und wieder angedeutet, wo ich die richtigen Antworten vermute, aber letztlich muss man in der Philosophie immer die eigenen Antworten suchen. Und dazu wollte ich Sie in erster Linie anleiten: selbst zu denken wie ein Philosoph. Die Griechen nannten so etwas eine »Protreptik« – einen »Anreiz zum Philosophieren«. Den wollte ich Ihnen geben.
L. Das ist Ihnen auch gelungen. Sonst wäre ich bereits vorzeitig abgereist. Ich glaube fast, in meinem nächsten Leben werde ich auch ein Philosoph!
Ph. Das habe ich mir in meinem letzten Leben auch gedacht.

L. Wie könnte ich denn vorgehen, wenn ich noch in diesem Leben einer werden will? Soll ich mich alleine hinsetzen und weiter über die Fragen nachdenken, die wir besprochen haben?

Ph. Alleine philosophiert es sich nie besonders gut. Man braucht immer Gesprächspartner, mit deren Hilfe, aber auch gegen deren Widerstand man seine eigenen Gedanken entwickeln kann.

L. Es ist aber nicht leicht, einen guten philosophischen Gesprächspartner zu finden.

Ph. Das stimmt. Aber Sie können ja jederzeit hierher zurückkommen.

L. Sie meinen, indem ich wieder einmal ein philosophisches Buch lese?

Ph. Oder vielleicht sogar indem Sie anfangen, Philosophie zu studieren!

L. Bleiben wir doch erst einmal bei den Büchern. Was könnte ich denn als Nächstes lesen?

Ph. Das ist nicht leicht zu sagen, weil es so vieles gibt, was Sie lesen könnten. Lassen Sie mich ein bisschen überlegen, und ich schreibe Ihnen dann gleich morgen einen kleinen Brief mit Literaturhinweisen.

L. Okay, machen wir es so. Eine Frage würde ich Ihnen allerdings doch gerne noch stellen, bevor wir unser Gespräch beenden. Ich verstehe jetzt besser, was Philosophie ist, aber wozu sie gut ist, ist mir noch immer nicht ganz klar. Ich meine, mir leuchtet ein, dass die Philosophie zur Unterstützung oder als Grundlage der anderen Wissenschaften wichtig ist. Das haben wir ja gestern besprochen. Aber gerade die Fragen, um die es in dieser Woche hauptsächlich ging, waren nicht auf die Einzelwissenschaften bezogen, sondern das waren vor allem diese philosophischen Rätsel. Und Sie sind doch offenbar der Ansicht, dass gerade diese Rätsel den Kern der Philosophie ausmachen.

Ph. Haben Sie ein schlechtes Gewissen, weil Sie nun schon eine Woche lang hier im Elfenbeinturm herumlungern?

L. Nein, nein. Oder, na ja, ein bisschen vielleicht. War das denn reiner Urlaub, bloße Unterhaltung? Ich würde jedenfalls schon gerne, wenn ich wieder draußen bin, eine klare Antwort auf die Frage haben, was mir dieser Besuch denn jetzt eigentlich gebracht hat und was es mir bringen würde, wenn ich in Zukunft öfter hier vorbeikäme.

Ph. Das verstehe ich schon. Viele Leute denken bei »Philosophie« an »brotlose Kunst«, vielleicht an Diogenes in der Tonne und so etwas. Da ist die Frage schon legitim, worin der Wert der Philosophie eigentlich besteht. Und ich glaube, es gibt zwei Antworten. Erinnern Sie sich an die Unterscheidung zwischen instrumentellen und intrinsischen Werten?

L. Der instrumentelle Wert einer Sache war der Wert, den die Sache für etwas anderes Gutes hat, der intrinsische Wert war der Wert, den sie für sich selbst genommen hat, oder?

Ph. Genau. Und ich würde sagen, dass die Philosophie sowohl einen instrumentellen als auch einen intrinsischen Wert hat.

L. Was wir gestern sagten, dass die Philosophie hilft, die Grundbegriffe der Einzelwissenschaften zu klären: Dadurch hätte sie zum Beispiel einen instrumentellen Wert für diese Wissenschaften.

Ph. Ja. Und auch in methodischer Hinsicht ist die Ausbildung zum Philosophen natürlich für vieles nützlich.

L. Sie meinen, weil man das Denken lernt?

Ph. Man ist jedenfalls in der Philosophie ständig damit beschäftigt, die Qualität von Argumenten zu prüfen. Das haben Sie die Woche über ja gesehen. Und wenn man sich intensiv mit philosophischen Texten auseinandersetzt, erwirbt man viele Fertigkeiten, die man auch in anderen Lebensbereichen brauchen kann: Texte zu analysieren, wesentliche gedankliche Schritte von Rhetorik abzugrenzen, Argumente zu rekonstruieren, Voraussetzungen zu klären und zu prüfen, Zusammenhänge zwischen verschiedenen Argumenten herzustellen und vor allem: selbst zu argumentieren und seine eigenen Gedanken verständlich zu formulieren.

L. Und man lernt vermutlich auch etwas über die Geschichte.

Ph. Die Philosophiegeschichte bildet sogar gewissermaßen das Rückgrat der Geistesgeschichte überhaupt. Obwohl man sagen muss, dass die Historiker nicht immer glücklich mit der philosophischen Herangehensweise an die Vergangenheit sind.

L. Warum das?

Ph. Weil wir, wie gesagt, alle Klassiker gewissermaßen als Teilnehmer an der aktuellen philosophischen Diskussion deuten. Es geht immer um die inhaltlichen Fragen. Da wird dann Aristoteles oder Thomas von Aquin leicht einmal so gelesen, als wären das Kollegen, die nur schon etwas länger pensioniert sind.

L. Damit wird man ihnen wahrscheinlich nicht wirklich gerecht.

Ph. Man muss die richtige Balance finden. Einerseits ist klar, dass jeder Philosoph auch auf die Anforderungen seiner Zeit reagiert, und man versteht ihn falsch, wenn man das nicht berücksichtigt. Andererseits lesen Philosophen die Klassiker in erster Linie, um etwas über die philosophischen Probleme zu lernen, die sie heute interessieren, nicht so sehr, um etwas über die Zeit zu lernen, in der ein Philosoph geschrieben hat. Und dabei zeigt sich einfach, dass die Klassiker der Philosophie uns viel zu unseren eigenen philosophischen Problemen zu sagen haben, auch wenn sie auf ihre eigene Zeit reagieren. Philosophische Probleme sind, vielleicht ähnlich wie künstlerische Probleme, teilweise zeitlos. Wir haben gestern darüber gesprochen.

L. Alles in allem betrachtet würden Sie jedenfalls sagen, dass die Philosophie nützlich ist?

Ph. Ganz sicher. Aber tatsächlich ist das nicht die Hauptsache.

L. Was ist denn die Hauptsache?

Ph. Die Hauptsache ist der intrinsische Wert der Philosophie. Denken Sie an unser Gespräch am Montag. Ein wichtiger Bestandteil des guten Lebens ist gerade Erkenntnis, nicht nur, weil diese wieder für etwas anderes gut ist, sondern weil es uns an sich wichtig ist, uns selbst und die Welt, in der wir leben, besser zu verstehen. Und dazu leistet die Philosophie einen fundamentalen Beitrag.

L. Dann glauben Sie, dass der intrinsische Wert der Philosophie genauso wie der intrinsische Wert von anderen Wissenschaften darin besteht, dass sie unseren Wissensdurst stillt?

Ph. Ja, wobei es nicht nur um die Befriedigung von Neugier, sondern um wirkliche Bildung geht. Was wir wissen und verstehen, verändert uns. Und die Philosophie spielt hier eine besonders wichtige Rolle, weil ihre Fragen uns viel direkter angehen als die meisten Fragen der anderen Wissenschaften. In gewissem Maß macht sich jeder Gedanken über diese Fragen – der eine mehr, der andere weniger. Aber ein Leben ganz ohne philosophische Überlegungen kann man sich gar nicht vorstellen.

L. Warum denn nicht?

Ph. Weil eben jeder sich selbst und die Welt einigermaßen verstehen möchte. Auf die Fragen, wie man alleine und gemeinsam mit anderen leben soll, was man wissen kann und was es überhaupt in der Welt gibt, suchen wir alle eine – zumindest vorläufige – Antwort. Und die Antworten, die wir uns auf solche philosophischen Fragen geben, prägen uns. Philosophie ist darum immer auch Arbeit an der eigenen Persönlichkeit.

L. Aber meistens stellen wir uns diese Fragen doch nicht auf einem so anspruchsvollen Niveau wie in der Philosophie. Und es können ja wohl nicht alle Philosophie studieren.

Ph. Nein, aber ich meine auch nicht, dass die Philosophie im Leben von allen Menschen dieselbe Rolle spielen muss. Wie wir am Montag sagten: Es gibt Verschiedenes, was ein Leben gut machen kann. Erkenntnis, insbesondere philosophische Erkenntnis, ist nur *ein* Element des guten Lebens. Ganz ohne philosophische Reflexion wird man kein optimales Leben führen, aber das heißt natürlich nicht, dass die Philosophie im Leben jedes Menschen im Mittelpunkt stehen muss oder auch nur kann.

L. Bei wem muss sie denn im Mittelpunkt stehen?

Ph. Manche Menschen werden von den Rätseln der Philosophie besonders stark angezogen. Dieses »Es ist doch nicht so, aber es muss doch so sein« hat für philosophische Gemüter eine geradezu magische Anziehungskraft, die bis zur Besessenheit führen kann. Man kann an solchen Problemen wirklich leiden, so dass Wittgenstein die Philosophie geradezu mit einer Therapie verglichen hat, die solches Leiden heilen soll. Aber die Faszination für diese Rätsel und auch das Gefühl »ich kenne mich nicht aus«, das nach einer Übersicht verlangt, sind bei verschiedenen Menschen verschieden stark ausgeprägt.

L. Also können doch die meisten Menschen ganz gut ohne Philosophie leben?

Ph. Platon dachte, dass ein Leben ohne philosophische Reflexion kein lebenswertes menschliches Leben ist. Da ist vermutlich etwas dran, wenn man keine zu hohen Ansprüche an eine »philosophische« Reflexion stellt. Aristoteles meinte, jeder brauche Philosophie, weil man sonst gar nicht wisse, welche Ziele letztlich erstrebenswert und damit auch welche Güter instrumentell wertvoll sind. Das erscheint mir ebenfalls richtig. Ein Leben der Tat erlaubt zwar nicht *beliebig viel* Reflexion. Aber ohne ein Mindestmaß an philosophischer Überlegung fehlt es den Taten an Orientierung. Aristoteles glaubte zudem, dass das theoretisch betrachtende Leben des Philosophen überhaupt das beste Leben wäre, weil es dem Leben der Götter am ähnlichsten ist.

L. Das hört man vermutlich gerne als Philosoph.

Ph. Ja, aber ich glaube, das geht tatsächlich zu weit. Nicht für jeden Menschen ist das Leben des Philosophen das beste, sondern es ist schon so, dass die Philosophie im Leben verschiedener Menschen völlig zu Recht eine unterschiedlich große Rolle spielt. Damit sie aber überhaupt eine vernünftige Rolle spielen kann, braucht man immer einige Leute, die sich hauptsächlich darum kümmern, die Fragen und vor allem die Antworten der Philosophie lebendig zu halten.

L. Indem sie philosophische Bücher schreiben? Die werden doch bestimmt meistens nur von einigen Fachkollegen gelesen.

Ph. Häufig ist das so. Aber das ist die Voraussetzung dafür, dass letztlich alle etwas davon haben. Als Philosoph schreibt man Bücher und Aufsätze. Die werden von anderen Philosophen gelesen und diskutiert, aber auch, zum Beispiel im Philosophiestudium, von vielen, die letztlich keine hauptberuflichen Philosophen werden. Philosophische Einsichten sickern so in die ganze Gesellschaft ein: über Ethiklehrer, über Journalisten, über Schriftsteller, über alle, die mit echter Philosophie in Berührung gekommen sind. Und das ist für alle etwas Gutes.

L. Dann sollten aber doch die Philosophen viel öfter einmal aus ihrem Elfenbeinturm herauskommen!

Ph. Ich finde eher, es sollten viel mehr Menschen, so wie Sie, hierher zu Besuch kommen!

Letzte Gesprächsnotiz

Für ihre vielfältige Unterstützung in dieser Woche bedanken sich der Leser und der Philosoph gemeinsam ganz herzlich bei: Erich Ammereller, Annette C. Anton, Erasmus Mayr, Christian Seidel – und vor allem bei Karin.

NACHTRAG

Was soll ich lesen?

Lieber Leser,

Sie haben mich gefragt, was Sie als Nächstes lesen könnten, wenn Sie sich weiter mit Philosophie beschäftigen möchten. Das ist deshalb schwer zu sagen, weil wir in dieser Woche die meisten Gebiete der Philosophie zumindest kurz angesprochen haben: Ethik, Moralphilosophie, Politische Philosophie, Metaethik, Wissenschaftstheorie, Erkenntnistheorie, Metaphysik, Philosophie des Geistes, Sprachphilosophie und Metaphilosophie. Es gibt zwar noch ein paar mehr: Logik, Ästhetik, Anthropologie, Geschichtsphilosophie, die verschiedenen angewandten Ethiken etc. Aber letztlich könnte *jedes* philosophische Buch als Fortsetzung unserer Gespräche dienen. So waren diese Gespräche gedacht!

Jetzt stehen Sie allerdings vielleicht vor der Unmenge von Möglichkeiten und wissen gar nicht, wie sie weiter vorgehen sollen, so wie Buridans Esel, der genau in der Mitte zwischen zwei Heuhaufen verhungert, weil er sich nicht entscheiden kann, zu welchem der beiden Haufen er gehen soll. Viele Philosophen werden Ihnen sagen: »Fangen Sie eben mit den Klassikern an, mit Platon, Kant, Wittgenstein …« Das ist kein schlechter Rat. Letztlich sollte man selbstverständlich vor allem die besten philosophischen Bücher lesen. Und die meisten klassischen Texte sind Klassiker geworden, weil es sich um besonders interessante Texte handelt. Aber ich glaube, dass man an vielen dieser Werke auch leicht scheitern kann und dann gar nichts mitnimmt oder ein völlig verzerrtes Bild bekommt oder sogar einfach enttäuscht aufgibt. Falls Sie keine Vorkenntnisse haben, werden Sie beispielsweise mit Kants *Kritik der reinen Vernunft* nicht viel Spaß haben, befürchte ich. Wenn Sie sich für einen bestimmten Philosophen interessieren, würde ich deshalb zuerst einmal ein Buch über diesen Philosophen lesen. Es gibt zum Beispiel einige tolle Reihen, die wichtige Denker behandeln, zum Beispiel die Reihe »Denker« (im Beck Verlag) oder die Reihe »Zur Einführung« (im Junius Verlag). Wenn man so ein Buch gelesen hat, weiß man schon ein bisschen, welche Werke eines Philosophen man genauer anschauen könnte und worauf man dabei achten sollte.

Ist es aber nicht ein bisschen willkürlich, irgendeinen Philosophen auszuwählen, um ihn genauer kennen zu lernen? Sollte man sich nicht lieber zuerst einmal einen Überblick über die gesamte Philosophiegeschichte verschaffen? – Es gibt natürlich sehr gute Bücher über die Geschichte der Philosophie. Ich würde zum Beispiel die vierbändige Philosophiegeschichte von Anthony Kenny (die es auch in einem Band gibt: Oxford University Press, 2010) empfehlen. Und es ist durchaus nützlich, wenn man weiß, dass Hobbes vor Kant gelebt hat. Generell glaube ich jedoch, dass uns zu viele Informationen von der Art »der hat dies und jener hat das gesagt« eher erschlagen und oft sogar davon wegführen, dass wir uns selbst Gedanken über die entsprechenden Fragen machen. Da ist die gründliche Auseinandersetzung mit einem Philosophen meistens hilfreicher. Wenn man die Stärken und Schwächen von nur einem großen Philosophen wirklich verstanden hat, hat man schon sehr viel über Philosophie gelernt.

Wenn man sich speziell für bestimmte systematische Gebiete, etwa die Moralphilosophie oder die Sprachphilosophie, interessiert, kann man auf eine große Vielfalt von Einführungsliteratur zurückgreifen. Gerade auf dem englischsprachigen Markt, aber zunehmend auch in Deutschland gibt es zu fast allen philosophischen Themen wissenschaftliche Bücher, die sich an Anfänger richten, etwa die Reihe »Einführungen Philosophie« (bei der Wissenschaftlichen Buchgesellschaft), die Reihe »Grundwissen Philosophie« (bei Reclam) oder die Reihen »Analytische Einführung in …« und »Grundthemen Philosophie« (bei de Gruyter). Man kann auch mit einem philosophischen Handbuch (etwa mit dem vom Metzler-Verlag) oder mit einem Lexikon starten, zum Beispiel mit dem kleinen *Lexikon Philosophie: Hundert Grundbegriffe* (Reclam, 2011). Darin findet man kurze Einträge zu relevanten Begriffen und dann weiterführende Literaturhinweise. Wenn man das Internet nutzen möchte, würde ich die ausgezeichnete (allerdings sehr anspruchsvolle) *Stanford Encyclopedia of Philosophy* (http://plato.stanford.edu/) empfehlen.

Vielleicht interessiert es Sie, auf welche Texte wir uns in dieser Woche bezogen haben. Ein Gespräch hat keine Fußnoten. Trotzdem haben wir natürlich in vielfacher Weise auf die Ideen anderer Philosophen Bezug genommen. Ich habe mich in meinen Ausführungen freizügig bei den entsprechenden aktuellen Fachdiskussionen und bei den Klassikern bedient. Den einen oder anderen Namen habe ich genannt, wenn es mir besonders wichtig erschien. Meistens habe ich aber nicht umständlich darauf hingewiesen, was genau von wem zuerst gesagt wurde. Wenn Sie das wissen möchten, müssen Sie auf die wissenschaftliche Literatur zu den behandelten Themen zurückgreifen. Dennoch möchte ich es nicht versäumen, Sie auf eine Reihe von Texten hinzuweisen, die ich bei unseren Gesprächen im Hinterkopf hatte: auf einige – alte und moderne – Klassiker, aber auch auf ein paar für Einsteiger geeignete Texte, die sich vor allem auf die aktuelle Diskussion beziehen. Ich schreibe Ihnen die Titel unten in leicht zugänglichen, möglichst deutschsprachigen Ausgaben auf, und zwar in der Reihenfolge, wie sie ursprünglich erschienen sind. Ich hoffe, die Liste hilft Ihnen ein wenig, Ihren Weg tiefer in die Philosophie zu finden!

Ihr Philosoph

Literatur

Die Vorsokratiker, hrsg., übersetzt und erläutert von Jaap
Mansfeld und Oliver Primavesi, Stuttgart: Reclam, 2011.

Platon: *Apologie, Euthyphron, Gorgias, Phaidon, Protagoras,
Symposion, Politeia, Theaitetos*, in: *Werke in acht Bänden.
Griechisch und Deutsch*, hrsg. von Günter Eigler, deutsche
Übersetzung von Friedrich Schleiermacher, Darmstadt:
Wissenschaftliche Buchgesellschaft, 2011.

Aristoteles: *Protreptikos. Hinführung zur Philosophie*, rekons-
truiert, übersetzt und kommentiert von Gerhart
Schneeweiß, Darmstadt: Wissenschaftliche Buchgesellschaft, 2005.

Aristoteles: *Nikomachische Ethik*, hrsg. und übersetzt von Ursula Wolf, Reinbek bei Hamburg: Rowohlt, 2006.

Aristoteles: *Politik*, hrsg. von Ursula Wolf, übersetzt von
Franz Susemihl, Reinbek bei Hamburg: Rowohlt, 1994.

Aristoteles: *Metaphysik*, hrsg. von Ursula Wolf, übersetzt von
Hermann Bonitz, Reinbek bei Hamburg: Rowohlt, 1994.

Epikur: *Ausgewählte Schriften*, hrsg. und übersetzt von Chris-
tof Rapp, Stuttgart: Kröner, 2010.

Sextus Empiricus: *Grundzüge der pyrrhonischen Skepsis*, übersetzt von Malte Hossenfelder, Frankfurt am Main: Suhrkamp, 1985.

Anselm von Canterbury: *Proslogion/Anrede*, hrsg. und übersetzt von Robert Theis, Stuttgart: Reclam, 2005.

Thomas von Aquin: *Summe der Theologie*, 3 Bände, hrsg. und
übersetzt von Joseph Bernhart, Stuttgart: Kröner, 1985.

Descartes, René: *Meditationen über die erste Philosophie* [1641], hrsg. und übersetzt von Christian Wohlers, Hamburg: Meiner, 2008.

Hobbes, Thomas: *Leviathan oder: Die Materie, Form und Macht eines kirchlichen und staatlichen Gemeinwesens* [1651], hrsg. von Hermann Klenner, übersetzt von Jutta Schlösser, Hamburg: Meiner, 2005.

Spinoza, Baruch de: *Ethik – nach der geometrischen Methode dargestellt* [1677], übersetzt von Jakob Stern, Stuttgart: Reclam, 1986.

Locke, John: *Versuch über den menschlichen Verstand* [1689], 2 Bände, übersetzt von Carl Winckler, Hamburg: Meiner, 1988/2000.

Locke, John: *Zwei Abhandlungen über die Regierung* [1690], hrsg. von Walter Euchner, übersetzt von Hans Jörn Hoffmann, Frankfurt am Main: Suhrkamp, 1977.

Berkeley, George: *Eine Abhandlung über die Prinzipien der menschlichen Erkenntnis* [1710], hrsg. und übersetzt von Arend Kulenkampff, Hamburg: Meiner, 2004.

Leibniz, Gottfried Wilhelm: *Monadologie* [1714], hrsg. und übersetzt von Hartmut Hecht, Stuttgart: Reclam, 1998.

Hume, David: *Traktat über die menschliche Natur* [1739/40], 2 Bände, hrsg. von Reinhard Brandt, übersetzt von Theodor Lipps, Hamburg: Meiner, 1989/1978.

Rousseau, Jean-Jacques: *Du contract social/Vom Gesellschaftsvertrag* [1762], hrsg. und übersetzt von Hans Brockhard, Stuttgart: Reclam, 2010.

Kant, Immanuel: *Kritik der reinen Vernunft* [1781/1787], hrsg. von Jens Timmermann und Heiner F. Klemme, Hamburg: Meiner, 1998.

Kant, Immanuel: *Grundlegung zur Metaphysik der Sitten*

[1785], hrsg., eingeleitet und erläutert von Jens Timmermann, Göttingen: Vandenhoeck & Ruprecht, 2004.

Bentham, Jeremy: *Introduction to the Principles of Morals and Legislation* [1789], hrsg. von J. H. Burns; H. L. A. Hart, Oxford: Oxford University Press, 1998 (deutsch auszugsweise in: Otfried Höffe: *Einführung in die utilitaristische Ethik*, Stuttgart: UTB, 2008).

Hegel, Georg Wilhelm Friedrich: *Enzyklopädie der philosophischen Wissenschaften im Grundrisse* [1830], 3 Bände, Frankfurt am Main: Suhrkamp, 1986.

Mill, John Stuart: *Über die Freiheit* [1859], hrsg. von Bernd Gräfrath, übersetzt von Bruno Lemke, Stuttgart: Reclam, 1986.

Mill, John Stuart: *Utilitarianism/Der Utilitarismus* [1861], hrsg. und übersetzt von Dieter Birnbacher, Stuttgart: Reclam, 2006.

Mill, John Stuart: *Die Hörigkeit der Frau* [1869], hrsg. von Ulrike Helmer, Sulzbach: Helmer Verlag, 1997.

Sidgwick, Henry: *The Methods of Ethics* [1874], Cambridge: Cambridge University Press, 2011 (deutsch auszugsweise in: Otfried Höffe: *Einführung in die utilitaristische Ethik*, Stuttgart: UTB, 2008).

Nietzsche, Friedrich: *Zur Genealogie der Moral. Eine Streitschrift* [1887], Stuttgart: Reclam, 1988.

Frege, Gottlob: »Über Sinn und Bedeutung« [1892], in: *Funktion – Begriff – Bedeutung*, hrsg. von Mark Textor, Göttingen: Vandenhoeck & Ruprecht, 2007.

Moore, George E.: *Principia Ethica* [1903], hrsg. und übersetzt von Burkhard Wisser, Stuttgart: Reclam, 1996.

Russell, Bertrand: *Probleme der Philosophie* [1912], übersetzt von Eberhard Bubser, Frankfurt am Main: Suhrkamp, 1967.

Heidegger, Martin: *Sein und Zeit* [1927], Tübingen: Niemeyer, 2006.

Carnap, Rudolf: *Der logische Aufbau der Welt* [1928], Hamburg: Meiner, 1998.

Ross, David: *The Right and the Good* [1930], hrsg. von Philip Stratton-Lake, Oxford: Oxford University Press, 2002.

Ayer, Alfred J.: *Sprache, Wahrheit und Logik* [1936], hrsg. von Herbert Herring, Stuttgart: Reclam, 1996.

Camus, Albert: *Der Mythos des Sisyphos* [1942], übersetzt von Vincent von Wroblewsky, Reinbek bei Hamburg: Rowohlt, 2010.

Ryle, Gilbert: *Der Begriff des Geistes* [1949], übersetzt von Kurt Baier, Stuttgart: Reclam, 1986.

Quine, Willard Van Orman: »Zwei Dogmen des Empirismus« [1951], in: ders.: *Von einem logischen Standpunkt aus. Drei ausgewählte Aufsätze*, hrsg. von Roland Bluhm und Christian Nimtz, übersetzt von Roland Bluhm, Stuttgart: Reclam, 2011.

Hare, Richard M.: *Die Sprache der Moral* [1952], übersetzt von Petra von Morstein, Frankfurt am Main: Suhrkamp, 1983.

Wittgenstein, Ludwig: *Philosophische Untersuchungen* [1953], Frankfurt am Main: Suhrkamp, 1984.

Goodman, Nelson: *Tatsache, Fiktion, Voraussage* [1955], übersetzt von Hermann Vetter, Frankfurt am Main: Suhrkamp, 1988.

Strawson, Peter F.; Grice, Paul: »In Defense of a Dogma« [1956], in: Grice, Paul: *Studies in the Way of Words*, Cambridge (Mass.): Harvard University Press, 1989.

Strawson, Peter F.: *Einzelding und logisches Subjekt* [1959], übersetzt von Freimut Scholz, Stuttgart: Reclam, 1986.

Quine, Willard Van Orman: *Wort und Gegenstand* [1960], übersetzt von Joachim Schulte, Stuttgart: Reclam, 1986.

Austin, John L.: *Sinn und Sinneserfahrung* [1962], übersetzt von Eva Cassirer, Stuttgart: Reclam, 2001.

Austin, John L.: *Zur Theorie der Sprechakte* [1962], übersetzt von Eike von Savigny, Stuttgart: Reclam, 1986.

Gettier, Edmund L.: »Ist gerechtfertigte, wahre Meinung Wissen?« [1963], in: Bieri, Peter (Hrsg.): *Analytische Philosophie der Erkenntnis*, Frankfurt am Main: Beltz Athenäum, 1997.

Berlin, Isaiah: *Freiheit: Vier Versuche* [1969], übersetzt von Reinhard Kaiser, Frankfurt am Main: Fischer, 2006.

Wittgenstein, Ludwig: *Über Gewissheit* [1969], Frankfurt am Main: Suhrkamp, 1984.

John Rawls: *Eine Theorie der Gerechtigkeit* [1972], übersetzt von Hermann Vetter, Frankfurt am Main: Suhrkamp, 1979.

Nozick, Robert: *Anarchie, Staat, Utopia* [1974], übersetzt von Hermann Vetter, München: Olzog, 2011.

Thomson, Judith J.: »Killing, Letting Die, and the Trolley Problem«, in: *The Monist* 59 [1976], S. 204 – 217.

Chalmers, Alan F.: *Wege der Wissenschaft* [1976], hrsg. und übersetzt von Niels Bergemann und Christine Altstötter-Gleich, Berlin: Springer, 2006.

Harman, Gilbert: *Das Wesen der Moral. Eine Einführung in die Ethik* [1977], übersetzt von Ursula Wolf, Frankfurt am Main: Suhrkamp, 1981.

Mackie, John L.: *Ethik. Die Erfindung des moralisch Richtigen und Falschen* [1977], übersetzt von Rudolf Ginters, Stuttgart: Reclam, 1986.

Goodman, Nelson: *Weisen der Welterzeugung* [1978], übersetzt von Max Looser, Frankfurt am Main: Suhrkamp, 1990.

Foot, Philippa: *Virtues and Vices and Other Essays in Moral Philosophy* [1978], Oxford: Oxford University Press, 2002.

Nagel, Thomas: *Letzte Fragen* [1979], hrsg. von Michael Gebauer, übersetzt von Karl-Ernst Prankel u.a., Hamburg: Europäische Verlagsanstalt, 2008.

Singer, Peter: *Praktische Ethik* [1979], übersetzt von Oscar Bischoff u.a., Stuttgart: Reclam, 1994.

Putnam, Hilary: *Vernunft, Wahrheit und Geschichte* [1981], übersetzt von Joachim Schulte, Frankfurt am Main: Suhrkamp, 1990.

Habermas, Jürgen: *Theorie des kommunikativen Handelns* [1981], 2 Bände, Frankfurt am Main: Suhrkamp, 1995.

Williams, Bernard: *Moral Luck. Philosophical Papers 1973-1980* [1981], Cambridge: Cambridge University Press, 1999.

Tugendhat, Ernst; Wolf, Ursula: *Logisch-semantische Propädeutik* [1983], Stuttgart: Reclam, 1986.

Davidson, Donald: *Wahrheit und Interpretation* [1984], übersetzt von Joachim Schulte, Frankfurt am Main: Suhrkamp, 1990.

Gauthier, David: *Morals by Agreement* [1986], Oxford: Oxford University Press, 1999.

Nagel, Thomas: *Der Blick von nirgendwo* [1986], übersetzt von Michael Gebauer, Berlin: Suhrkamp, 2012.

Sainsbury, Mark: *Paradoxien* [1987], übersetzt von Volker Ellerbeck und Vincent C. Müller, Stuttgart: Reclam, 2010.

Frankfurt, Harry G.: *The Importance of What We Care About. Philosophical Essays* [1988], Cambridge: Cambridge University Press, 1995 (deutsch auszugsweise in: Frankfurt, Harry G.: *Freiheit und Selbstbestimmung*, hrsg. von Monika Betzler und Barbara Guckes, Berlin: Akademie Verlag, 2001).

Cooper, David E.: *Existentialism. A Reconstruction* [1990], Malden (Mass.): Blackwell, 1999.

McDowell, John: *Geist und Welt* [1994], übersetzt von Thomas Blume u.a., Frankfurt am Main: Suhrkamp, 2001.

Hacker, Peter M.S.: *Wittgenstein im Kontext der analytischen Philosophie* [1996], übersetzt von Joachim Schulte, Frankfurt am Main: Suhrkamp, 1997.

Wolff, Jonathan: *An Introduction to Political Philosophy* [1996], Oxford: Oxford University Press, 2006.

Scanlon, Tim: *What We Owe to Each Other* [1998], Cambridge (Mass.): Belknap Press, 2000.

Darwall, Stephen: *Philosophical Ethics* [1998], Boulder: Westview Press, 1998.

Loux, Michael J.: *Metaphysics. A Contemporary Introduction* [1998], New York: Routledge, 2009.

McDowell, John: *Wert und Wirklichkeit* [1998], übersetzt von Joachim Schulte, Frankfurt am Main: Suhrkamp, 2009.

Beckermann, Ansgar: *Analytische Einführung in die Philosophie des Geistes* [1999], Berlin: de Gruyter, 2008.

Nida-Rümelin, Julian; Schmidt, Thomas: *Rationalität in der praktischen Philosophie* [2000], Berlin: Akademie Verlag, 2000.

Shapiro, Stewart: *Thinking About Mathematics* [2000], Oxford: Oxford University Press, 2000.

Bieri, Peter: *Das Handwerk der Freiheit. Über die Entdeckung des eigenen Willens* [2001], München: Hanser, 2006.

Höffe, Otfried: *Gerechtigkeit. Eine philosophische Einführung* [2001], München: Beck, 2010.

Moser, Paul K.; Carson, Thomas L.: *Moral Relativism. A Reader* [2001], Oxford: Oxford University Press, 2001.

Birnbacher, Dieter: *Analytische Einführung in die Ethik* [2003], Berlin: de Gruyter, 2007.

Bennett, Maxwell R.; Hacker, Peter M.S.: *Die philosophischen Grundlagen der Neurowissenschaften* [2003], übersetzt von Axel Walter, Darmstadt: Wissenschaftliche Buchgesellschaft, 2010.

Swift, Adam: *Political Philosophy. A Beginners' Guide for Students and Politicians* [2006], Cambridge: Polity Press, 2006.

Keil, Geert: *Willensfreiheit* [2007], Berlin: de Gruyter, 2012.

Ernst, Gerhard: *Einführung in die Erkenntnistheorie* [2007], Darmstadt: Wissenschaftliche Buchgesellschaft, 2012.

Ernst, Gerhard: *Die Objektivität der Moral* [2008], Paderborn: Mentis, 2009.

Newen, Albert; Schrenk, Markus A.: *Einführung in die Sprachphilosophie* [2008], Darmstadt: Wissenschaftliche Buchgesellschaft, 2008.

Bromand, Joachim; Kreis, Guido (Hrsg.): *Gottesbeweise von Anselm bis Gödel* [2011], Berlin: Suhrkamp, 2011.